PROGRAMMING IN THE PRIMARY GRADES: BEYOND THE HOUR OF CODE

[美]萨姆·帕特森◎著

王卫◎译

小学阶段的编程教育

——跨越编程一小时

U0825729

北京师范大学出版集团
BEIJING NORMAL UNIVERSITY PUBLISHING GROUP
北京师范大学出版社

版权声明

Copyright © 2016 by Sam Patterson

All rights reserved. No part of this book may be reproduced in any form or by any electronic or mechanical means, including information storage and retrieval systems, without written permission from the publisher, except by a reviewer who may quote passages in a review.

Published by agreement with the Rowman & Littlefield Publishing Group through the Chinese Connection Agency, a division of The Yao Enterprises, LLC.

北京市版权局著作权合同登记号：01-2018-2139

图书在版编目（CIP）数据

小学阶段的编程教育：跨越编程一小时／（美）萨姆·帕特森著；王卫译．—北京：北京师范大学出版社，2019.5

ISBN 978-7-303-24596-3

Ⅰ．①小…　Ⅱ．①萨…　②王…　Ⅲ．①程序设计－教学研究－小学　Ⅳ．①G623.582

中国版本图书馆 CIP 数据核字（2019）第 050148 号

营销中心电话　010-58802181　58805532
北师大出版社职业教育与教师教育分社网　http://zjfs.bnup.com
电子信箱　zhijiao@bnupg.com

XIAOXUE JIEDUAN DE BIANCHENG JIAOYU

出版发行：北京师范大学出版社　www.bnupg.com
北京市海淀区新街口外大街19号
邮政编码：100875

印　刷：北京市溢漾印务有限公司
经　销：全国新华书店
开　本：710 mm × 1000 mm　1/16
印　张：9
字　数：139 千字
版　次：2019 年 5 月第 1 版
印　次：2019 年 5 月第 1 次印刷
定　价：32.00 元

策划编辑：郭　翔　　责任编辑：马力敏　李　迅
美术编辑：焦　丽　　装帧设计：锋尚制版
责任校对：韩兆涛　　责任印制：陈　涛

版权所有　侵权必究

反盗版、侵权举报电话：010－58800697
北京读者服务部电话：010－58808104
外埠邮购电话：010－58808083
本书如有印装质量问题，请与印制管理部联系调换。
印制管理部电话：010－58808284

译 序

北京2018年的春天好像一下就来了，突然得让人摸不着头脑。相比之下，这本书从开始翻译到出版的整个过程却似乎显得那么“励志”。由于译者坚信在做一件美好的事情，所以不管遇到什么困难，就这样一直坚持了下来。

科技的高速发展(大数据、人工智能、信息技术)对教育的影响主要体现在两个方面：一个是教与学的便利化和高效化，另一个就是内容的科技化。第一个方面主要体现在网络教学的普及和各种新的教学设备以及手机App(应用程序）的推广应用，从内容的展示、课程的组织、作业的评改，以及学习成果的评估都在效率上得到不断改善。第二个方面则体现在更多的科技方面的教学内容出现在学生的课堂上，一些以前从来不敢想的课程，如电子制作、3D打印、电脑编程，现在已经出现在了小学的课堂上。信息技术和教育实践深度融合是教育部提出的核心理念。在此背景下，我们认为从提升学生的信息技术应用能力向提升信息技术素养转变是一项重要的任务。

2017年国务院发布的《新一代人工智能发展规划》中明确提出，要“实施全民智能教育项目，在中小学阶段设置人工智能相关课程，逐步推广编程教育”的要求。小学阶段推广编程教育面临着很多挑战，首要的是教师和家长教育理念要与时俱进，推陈出新。小学生为什么要学习编程？教师有哪些资源可以利用来设计课程？编程课上要注意哪些问题？从来没有编程经验的教师，是不是可以很快地掌握一些技巧然后带领孩子快乐地踏上这一征程呢？家长应该怎样支持小学生学习编程？之所以说翻译并出版这本书是一件美好的事情，就是因为这本书能够帮助每一个老师和家长回答这些问题。

如果“跳”出编程来看编程，你就会发现编程是创客运动的重要组成部分。*Invent To Learn: Making, Tinkering, and Engineering in the*

*Classroom*一书中提到编程是创客革命的神经系统，不仅在于它可以发明新的虚拟产品，还在于它是给实物制作和工程产品赋予生命和智能所必需的方法。学习编程是赋予学生能力的过程，不仅会带给他们快乐的探索过程，还会带给他们通过动手做来学习的经历。

本书由专业的小学教师根据多年教小学生编程的实践经验总结而成，不像市面上大多数编程书籍那样主要注重单一产品的介绍。本书更多的是介绍一些编程教育的思考，涵盖了编程教育的目的、教学的技巧和课程设计的建议。翻译本书的过程，也是译者在学习和应用这些知识的过程。译者创办的土拨鼠创客学院和鲸算启智教育科技有限公司所开发的编程课就采用了很多来自本书的建议。如果您是一位小学教师，或者是一位家长，或者您正在从事STEM教育方面的工作，相信您也会在本书中得到一些有益的指导。

希望本书能给所有关心孩子编程教育的读者一些帮助。

在此我要感谢我的大学同学张晓燕女士，她在繁忙的工作之余帮忙审读译稿，提出了很多宝贵的建议，为此她花费了大量的时间。她自己也一直在关注孩子逻辑思维能力、沟通协作能力、解决问题能力的培养，并且相信通过精心设计的编程课程，能够有效提升孩子的综合能力。

科技再发展，也代替不了情感。没有家人的支持和鼓励，这本书的翻译可能早就停滞不前。

最后，由于本人水平有限，书中难免有不妥之处和翻译不恰当的地方，望各位读者不吝赐教，鞭策我们不断前进。

王卫

2018年春于北京

目　录

序 言

我作为对苹果第二代计算机进行程序设计的作者，并且是第一位编写了一本专门介绍用汇编语言对苹果第二代进行程序设计的作者，对学会编程带来的好处深有体会。在我开始借助电脑对周围世界进行探索与发现的过程中，我想象电脑可以做什么，并渴望让电脑按照我的设想去做，唯一的方法就是自己编写指令指挥电脑完成和实现你头脑中所想的事情。

任何一个人，尤其是年轻人，当像我一样开始使用电脑发现和理解周围的世界的时候，获得的好处之一就是能够弄明白我们周围的那些高科技到底是怎么工作的。一台能够计算的设备，不管它是一台笔记本、一部智能手机，还是一架四轴无人机，它能做的任何任务的核心都是运行的代码。而这些代码是由人来编写的。先设想一下整个过程，然后在电脑屏幕上敲下单词和短语，真正实现想象的东西，进入真实的世界。

当学生们在接受挑战，编写属于他们自己的程序，真正实现头脑中想象的事物时，他们同样也在学习（非刻意而是自然而然，无法避免地在学习）耐心、坚持和关注细节。他们要学会流程、序列和条件分支的概念，还有数学中的运算，以及如何设计函数并得出结果。

计算机处理程序指令时，总是严格遵守程序员所设定的方式，毫无商量的余地。当指令不完整或是出错时，最终肯定不会达到预想的效果。目标的实现是很实际的，有句话说得好，“你哭得再多也不能让你的程序正常运行。”

在写程序的过程中，学生们也会了解到工作质量的重要性。一个“凑合工作”的程序通常是不能正常工作的。完美是难以实现的，但是对于完美的不断追求是一个值得的挑战，追求完美的过程就是耐心、坚持和关注细节的实践过程。高质量的编码本身就是一门艺术，这已经得到学术和业界的认可。

“语言清晰，思维清晰”是我的个人信条之一，相对于其他方面，它更适用于编程。如果不认真思考编程每一行代码到底做的是什么，对于完成整个程序的终极目标有什么作用，是不可能编写出一个成功的电脑程序的。

一个人无法在一小时内学会这些技能，并从中受益。相对而言，一年级的孩子花一小时写一首小诗，在写作和文学方面已经是一种充分的体验了。“编程一小时”活动的目的首先是介绍，追求的是“哇，原来可以这样”的效果，学生可以认识到计算机能按照他们写的程序做事情，他们不仅是技术上的消费者，他们还可以主动控制计算机——这种当今世界毋庸置疑最强大的力量。

打开“编程一小时”这扇门之后，萨姆·帕特森的书可以让你如虎添翼。不管读这本书的教师有多少编程经验，在编程方面有多少信心，这本书都会给他们带来帮助。本书的作者首先自己富有教学经验，其次他与其他小学教师合作，帮助他们用更有效的方式进行编程教育。

这本书可以让教师们放心，并不是一定要先成为一名程序员才能教学生编程，而是要充分利用目前教室中已有的工具。这样的规划降低了入门的门槛，同时却能支持高参与度的教学。萨姆·帕特森多年教授数学、机器人、文学、摄影和创客空间等多方面积累的独特经验，将会给教学带来一个全新的视角和一些实际有效的方法，确保你在向学生介绍编程概念的时候，让学生更容易接受。

恭喜你通过探索程序设计和编写代码的世界来培养孩子更多的才能，在“编程一小时”取得更进一步的成功！

罗杰·瓦格纳（Roger Wagner）

发明家和设计师HyperStudio

HyperDuino的发明者

***Assembly Lines: The Complete Book*的作者，**

第一本介绍用汇编语言编写Apple Ⅱ的书，1981年出版

前　言

谢谢你加入我的此次旅程。当我三年前开始教小学科技课时，我真的非常幸运地加入了一个优秀的教师团队。最初的时候，我们对于小学编程教学一无所知，现在我们可以一起为从幼儿园到五年级的学生(K-5)设计出最佳的方法来学习技术和编程。

如果你愿意一边实践一边学习，实际上有许多非常优秀的可以在课堂中教授编程的资料可供你选择。当你阅读这本书的时候，请思考一下怎么把书里的内容应用到你的班级环境中。

你需要什么样的课程才能让学生更积极地参与进来？在你教授的内容达到更高的概念层次之前，学生们的理解认知水平停在了何处？这些都是你在读这本书的时候，需要在大脑中思考的问题。

当我们总结了大量的学习经验，设置了适当的学习目标时，我们的学生可以在课堂上一边玩，一边学到大量的知识，既与周围的世界相关，也与他们自己相关。

作者注

这本书设计的目的是鼓励和帮助教师们在科学课之外把编程作为一种教学方法。本书中介绍的课程由年级学科教师与科学辅导员合作共同开发。书中所说的技巧和经验则直接来自真实的课堂实践。

第一章论述了编程作为学习的方式，本书内容真正开始的地方是介绍具体的课程和编程方式。第三章到第七章是对一些目前很受欢迎的编程平台的综述，并且讨论了这些平台所支持的认知学习。

本书的最后三章集中探讨了怎样通过编程学习社交能力、STEM知识和文字能力。

第一章

为什么在小学阶段[1]教编程？

① 原文是Primary Grades，美国小学阶段为1～5年级。

技术变革和技术进步的根本动力在于新工具可以极大地改变世界。作为教师，我们面对的挑战是为我们的学生能够成为为未来社会做贡献的一员做好准备。

让我们回顾一下过去50年制造业的变迁历史。随着我们开发出更有效的货物运输方式，工作机会流向了劳动力成本远比运输成本低的区域。与此同时，我们的教育方式却鲜有变化。学校的教育侧重培养所谓的好工人，铃一响就上课，听教师的话就可以得到奖励。我们很大程度上都在强调正确性和时效性，需要知道这两点都可以使制造业更有效率。

现在我们知道我们的教育还不完善，它并没有帮助学生为应对21世纪所需要的工作做好准备。大量资料表明，我们需要很多的计算机科学工作者，而实际上我们却只有很少。举例来说，美国推广计算机编程教育的组织①分享的统计数据表明，计算机科学工作在美国范围内以每年平均两倍的速度在增长；到2020年，选择计算机科学专业的学生相对于计算机科学工作的数量有一百万的缺口。

工厂工人的核心素质是守时、高效和合规，但是要想在今天的职场取得成功，所需要的素质是独立性以及解决问题的能力（见表1.1）。

表1.1　21世纪技能发展趋势

20世纪技能	21世纪技能*
死记硬背客观事实	学科内容知识和21世纪主题 - 全球视野 - 金融、经济、商业和创业意识 - 公民素养 - 健康素养 - 环保素养
合规和守时	学习和创新技能 - 创造力和创新 - 批判性思维和解决问题的能力 - 交流与合作
基本素养	信息、媒体和技术素养 - 信息素养②

① Code.org，访问日期：2018-08-15。

② 信息素养：指明白需要什么信息，理解如何组织信息，并能根据特定需求，找到最佳的信息来源，最终可以恰当地使用相关信息。

续表

20世纪技能	21世纪技能*
基本素养	- 媒体素养① - ICT素养②
融入社区	生活和职业技能 - 灵活性和适应性 - 主动和自我导向 - 社交和跨文化技能 - 生产效率和担当 - 领导能力和责任感

* 来源：21世纪技能伙伴关系（www.p21.org）。

我们可以很清晰地在第一组技能里面看到这种面向信息经济的转型。21世纪首要的技能就是沟通和计算机技能。在所有课堂上，说和写的沟通技巧会成为日常的练习，而且这应该是每日例行活动的重要组成部分。要开展这样的活动并不困难——可以从要求学生以结对或小组的形式练习做决定开始。教师给学生们写下指导方法和需要他们了解的信息，然后让学生读出来。不要把信息写下来后直接读给学生们听，因为这样其实达不到书写文字信息的目的。

相对于沟通技能，思维以及解决问题的技能在这个列表上出现得要晚一点。显然，21世纪的工作者需要能够协作并且有解决问题的能力。21世纪的工作者需要变得灵活，因为随着时间的推移，他们所从事的工作会有显著的变化。世界在不断发生变化，且已经发生了根本的变化，并且将一直改变下去。现在的工作需要人们用创新迎接挑战，所以工作者必须保持一个良好的心态，并且善于灵活思考自己可以利用的资源。

“20世纪技能伙伴关系”在生活和职业技能部分指定的十项技能的平衡，集中于人与人之间的关系和自我导向的能力。自我导向是学生在一个没有人管束自己的世界中实现成功所必备的技能。在工作中，不会有铃声提醒你去工作，也不会有铃声提醒你去吃饭。管理人员可能在另外一栋楼，另外一个国家，甚至是在

① 媒体素养：指接触、分析、评估和创造媒体元素的能力。

② ICT素养，其中ICT指Information，Computer and Technology，是信息、计算机和技术的简称，它表示使用数字科技、沟通工具和（或者）网络，来定义、访问、管理、集成、评估、创造并合理合法地传递信息，在知识社会中生存的技能。

另外一个星际轨道上。自信和良好的工作操守对于远程工作或者分布式网络化工作环境中的个人至关重要。

当人们不在同一个地方办公时，与人相处的技能就变得更加重要了。在一个办公室里，会有持续不断的非正式的接触。当没有了这些非正式的接触，远程工作者需要通过人际交往的技巧来保持与同事们正常的工作关系。在这种与不同的利益相关者在多个项目中合作的工作模式中，诚实守信和团队精神是必不可少的品质。

学校一直在发展和适应这种技能的培养。学校里以团队的形式采取设计思维模式[①]来解决学校和社区的需求，这种基于项目的学习方式已经得到了很好的推广。

作为一名教师，你或许已经考虑过这些挑战。当你做课程计划时，你或许已经找到了有意义的方式方法可以让学生们一起工作。你可能让学生们通过制作视频来解释解决问题的方法，甚至憧憬过如何借助计算机编程辅助实现这些广泛的教育目标。

不管是在家里还是在学校，教孩子学习编程是最重要的工作吗？当然不是。本书的目的不是让每个孩子开始学习编程［这部分任务由各个学校的计算机科学教师通过Code.org和计算机科学教师协会（http://www.csta.acm.org/）[②]的支持来完成］，而是要建立编程教育与学科内容教学的联系。本书的目的是帮助教师开发丰富的内容，把计算机编程作为表达方式之一的课程。

编程是一项涉及复杂认知的活动，它允许学生以创造者的角色接触媒体，而不是像以前那样，仅仅以消费者的角色来与媒体互动。过去的学生可能一周有20分钟的时间以数字学习的名义被召集到一起玩数学冲击波（Math Blaster）。现在我们可以要求学生自己制作游戏，在数学冲击波这种类型的游戏中，编写新的级别和关卡。他们完全可以做得到。学生通过创造一个教育游戏相比于仅仅玩游戏，学到的知识要多得多。

教师们已经有了大量的策略来帮助孩子分享他们正在形成且不断发展的对概念和关系的理解。让学生们口头回答问题，或把所理解的内容形成书面文字，又或者让学生通过走动来证明他们已经掌握了一套运动的顺序。要求学生应用他们所理解的

---

① 设计思维模式是指采取设计的方式处理现实世界的问题和挑战。根据加文·安布罗斯（Gavin Ambrose）的书*Basics Design*，设计这一过程分为7个步骤，分别是定义（问题和面对的用户）、调查、形成创意、原型制作、选择、实施和认知学习。

② 因成文需要，现已无法访问。

知识，可画一幅画，写一首诗，做一个透景画（Diorama）[①]，或者拍一段视频。

从平板电脑到上网本，移动计算已经颠覆了传统的教学工具箱，带来了各式各样崭新的教学可能性。使用花费不到200美元的设备，学生就可以自己制作电影片段或者动画。教师可以精心设计数字学习体验，来鼓励学生们把他们的理解通过编程形成交互式文本或者游戏。教师和学生既可以使用编程来展示对学科内容的理解，也可以培养和发展那些相关的理解。

小学教师教学的乐趣之一在于可以使用自然融合的方式教学生各种各样的知识，可以通过歌曲来教科学，通过艺术来教数学，甚至可以通过讲故事来教阅读。那么为什么花时间来教编程比较重要呢？

在很多方面，排除与未来工作相关的理由，计算机编程教育在小学阶段的重点不是编程。当我们为学生设计富有意义的数字学习体验课的时候，我们不是因为想要让学生都学会编程而这么做的。

当教师选择编程作为学习的一种工具时，他们就是在为教学设定了一个场景，其范围远远超出与计算机科学相关的学习目标和内容。在一个精心设计的课程中，你可以在学生们一起对机器人编程去解决一个数学问题的时候，教他们社交技能。当学生与同伴一起解决不能独自解决的问题的时候，他们会沉浸在解决问题的过程当中。

培养有毅力和不惧失败、不断尝试的精神也是编程课中非常好的学习目标。这种把精神品质的学习建立在具体的学科内容学习目标之上的课程，在本书中有很多的例子。这些课程突出了教师们这么多年来如何有策略地在学科内容课程上增加一些编程方面的内容，来巩固和加深已经学习的知识。

编程是一种表达方式

你也许会大吃一惊，但计算机编程确实是一种表达方式。当要求学生在经典游戏“俄勒冈小径”（Oregon Trail）中设计一个游戏环节，实际上是要求他们把对于历史的理解应用起来。在制作游戏体验的过程中，学生们可以表现出他们对当时那

① 这里指制作的表现一定场景的三维立体模型https://en.wikipedia.org/wiki/Diorama，访问日期：2018-08-15。

段时期的理解，并展示出什么对他们才是最重要的。游戏变成一本承载着作者与读者交流的书。

如果你要求学生制作一个珊瑚礁动画，他们就有了应用在课堂上所学知识的机会，来赋予一个珊瑚礁生命。这样制作而成的珊瑚礁是一个独特的文档，记录了他们对于珊瑚礁的理解，并且这种理解经过了程序设计知识的过滤。简短的代码走读（就是让学生们分享一下他们设计程序时的目标、过程和妥协）能清楚地表现出哪些地方由于对编程的理解限制了学生的能力，而导致不能与对科学的理解联系起来。

首先学习代码，然后通过代码学习

开发Scratch的研究人员米奇·雷斯尼克（Mitch Resnick），把编程描述为一种学习和理解建设的媒介。当要求学生编写鱼儿在珊瑚礁中游泳的程序时，他们会问海星是怎么游泳的，会想知道鲸鱼是不是可以藏在珊瑚礁里面，他们会问同一组的其他同学应该给海马涂上什么颜色。学生会从书架上拿起书，查找在班上学过的图片和故事，做一个精确的模型。与做一张海报不同，编程这项挑战可以让学生从回答简单的问题"它是什么"过渡到回答更加高级的问题，如"它做什么""它是如何与周围的环境有关系的"。

编程是一种可以被教师用来培养学生更全面理解其他学科的工具。通过恰当地整合，编程成为教师教学生处理信息的另一种方式。在低年级中，编程会让他们慢下来，慢到恰好可以强化培养过程思维的程度。

编程和三个R

阅读（Reading）：当我们深入探讨编程如何被用来辅助学科内容的学习时，我们会参考一些研究成果，这些研究表明学生在游戏式编程应用程序中的排序对他们日益增长的读写能力[①]有积极的影响。即使学生没有通过编程学习具体的学科内

① Literacy skills: https://k12.thoughtfullearning.com/FAQ/what-are-literacy-skills，访问日期：2018-08-15。

容，他们也在培养最基本的学习能力和文字读写能力。

写作（Writing）：把一个视频游戏看成一个交互式的故事非常有帮助。在游戏上市之前，脚本就已经写好了，可是故事的展开方式是由观众来控制的，就像你选择你喜欢的冒险类型的书一样。当我们让学生在编程App中设计一个游戏时，他们必须为玩家设计一个故事。游戏设计者必须能够清晰地了解故事的开始、中间和结尾。在更加复杂的游戏中，游戏设计者必须要从整个游戏层面上对这三个部分有很好的把握，同时也要在每个级别关卡上对这三个部分有很好的把握。

数学（Arithmetic）：编程是应用数学的运动场，编程教学的第一节课程恰巧就是数学课。课堂上采用了Logo编程语言，这种语言于1967年由辛西娅·所罗门（Cynthia Solomon）、沃利·弗尔泽格（Wally Feurzeig）和西摩·派普特（Seymour Parapet）创建。该语言要求从数轴上计算出一个角色需要移动多少步或者画多少个规则的多边形，可以看出，编程要求我们不断地应用数学知识。经过指导，即使是我们年龄最小的学生也可以通过编程来培养数学能力。

当学生的技能更加成熟时，他们可以更积极地把数学应用到他们的程序中。从数数、几何、变量到顺序操作，为角色编程和用编程进行挑战提供了很多的机会，让抽象知识的学习变得具体而形象。

第二章 通过编程我们能学到什么？

通过编程我们能学到什么呢？这是一个关于潜力和可能性的问题，一个考验教师和学生想象力的问题。如同在第一章所提到的，Scratch编程语言的创建者米奇·雷斯尼克教授说，我们首先学习编程，然后通过编程来学习。可是，通过编程来学习到底意味着什么呢？

编码课中设立的学习目标一定不能局限在计算机科学方面的技能、计算思维以及编程概念的范围内。在一个精心设计的采用编程来教学的课程中，教师能够满足几乎所有学科知识的教学要求。本章我们会探究编程在培养以及评估学生在多学科技能中所扮演的角色。在后面的章节中，我们会深入到具体的课程中，专注于社交和情感的学习，以及语文、数学和科学的学习。

编程是一种交流

当一个软件程序员团队编写了一个应用程序，不管它是一个健康跟踪应用程序，还是一个在当车驶入车道就能自动开灯的应用程序，实际上是写了一篇文章。从广义的角度来说，这些程序是程序员写的一篇可以与用户互动的文章。当他们编写这些程序的时候，他们先分享给测试人员或者用户，并适当修改程序，以确保用户最终能够按照所设计的方法来使用。

这就像一篇报纸上的文章、一段电影脚本，或是一张有图片的家具组装说明书，计算机程序的编写就是把程序员的想法翻译给用户。一个计算机程序是两个人之间的一种交流。

学生每天在课堂上需要用多种方式来交流他们的想法。我们让他们编写人物角色间的对话、准备演讲稿、制作透视景图、编写报告和拍电影视频等。这些在学校中早已成型的教学方法都可以有所改变，从而融入编程教学。当教师学会编程这种教学方式时，他们就像是拥有了更有力的工具。

应用编程解决问题

使用编程来制作文案，不管是一个交互式的游戏还是一个微电影式的动画，都需要学生制订一个目标并努力实现。他们一边在设想需要程序实现什么功能，一边编写程序代码，逐步完善程序当前所能提供的功能，这个过程就是他们积极解决问题的过程。借用写作中的概念，我们可以称之为修订，可是尽管如此，概念上与修订还是有所不同的。打草稿的时候几乎每个人都需要把文字给别人看一下，收集别人的看法和观点，来了解程序是否可以正常运行；而编程的时候，问题就明明白白地摆在眼前，学生可以试验不同的解决方法，根本不需要等别人给予反馈。

一开始，学生可能会说程序写错了，或者说应用程序还有些小毛病。如果有人跟他一起仔细地查看程序代码，就一定能定位问题，改正问题。很快他就会理解应用程序，或者可以让程序又开始遵循给定的指令运行。他们在整个过程中需要不断尝试给出不同的解决问题的策略和方法。

在一个使用编程教学的班级里，教师通常并不能对所采用的语言和平台有全面的了解。学生们自己在平台上探索寻找解决问题的方案，很可能会找到连教师都不知道的方法。学生们想出更好的解决问题的方法，显著优化了教师设计的初始程序的水平，这样的情况并不少见。

这种情况可能会让教师感到紧张焦虑，因为很少有教师会接受这样的情况：教师竟然可以在一知半解的情况下就可以教一个班的学生学习。但是这正是我们所面临的处境，因为我们可以使用的工具每天都在发生变化。尽管这对于教师而言并不是一个很舒服的处境，但是这绝对是一个很好的机会。

1920年，约翰·杜威（John Dewey）写道：设想一个教育系统，在这个教育系统中，以学生为中心，以动手实践为基础，让学生成为知识的创造者。这种情况只有在我们冒险把教师的教学角色改变之后才有可能出现。当设计教学体验的时候，让学生自己提出问题、解决问题、探索和协作，我们就创造了条件，让学生拥有他们自己创造的知识，而不仅仅是遵循教师的指令。

那么在课堂上学生们可以通过编程学到什么呢？他们可以自己有能力解决问题，可以体会到自己对别人是有帮助的，而且最重要的是，他们能认识到教室里的每一个人都能对班级知识库做出贡献。在编程过程中涌现出的那些技术领导者通常不同于传统的以读写为中心的课程中的佼佼者。

符合标准并超越标准

采用编程这个教学方式的数字学习体验课程，需要学生用程序来创造富有意义的核心科目内容，就是把学生置于复杂但是鼓励参与的环境里应用学科内容知识。

两个二年级的学生用ScratchJr为养蜂人和蜜蜂之间设计对话，就不得不面对多重挑战。既要让脚本片段按照正确的顺序出现，又要设计每一个角色应该说什么话。除此之外，还有诸如决定角色对话的地点这样的多种选择。所以这个编程课最后会延伸为对话，内容会涵盖最近一堂科学课所教的相关内容。学生通常会从课堂笔记、练习册和科学期刊中寻找用于编写简短动画作品的资料。

计算机科学

尽管显而易见，但是值得一提的是，编程课可以帮助学生学习程序设计和计算思维的基本知识。即使是最简单的编程活动，也有助于学生理解基本的语法、顺序和输入输出之间的关系。随着编程任务变得越来越复杂，编程工具和概念也变得越来越复杂。学生们会学到循环指令（或者重复指令）让程序更简短、更优美。他们会学到如何把命令组合形成函数，从而可以在程序的任意位置来使用。在对机器人进行编程时，学生们将会学习如何使用来自传感器输入来触发程序。

协　作

课堂上的编程学习能够促进学生之间的合作，因为学生通常需要互相帮助，来解决诸如怎么在Kodable[①]过关升级，或者怎么让Scratch中的猫跳的舞步更优美更好看这样的问题。即使学生们可以在他们自己的设备上操作，许多教师仍然会采用“三人行必有我师”的规则来促进合作。[②]从教师的角度讲，这个规则有两个目的。第一个目的是促进学生之间互相帮助，这一点是非常重要的，因为很多时候学

① 一个少儿编程网站，网址是https://www.kodable.com/, 访问日期：2018-08-15。

② 原文是Ask three then me，就是要让学生有问题时，首先向至少三个同学请教，如果没有满意的答案，再向老师提问。

科内容教师使用编程教学时，教室里的某些同学很可能比老师拥有更多的实践经验，对编程平台有更多的了解。

第二个目的是可以让学生持续学习，如果教师试图回答教室里所有的问题，学生就会在举起手的一瞬间停止了学习，转入等待答案状态。教育你的学生让他们互相之间多帮助，可以让他们更积极地参与到解决问题中。学生们开始讨论问题的过程，就是在学习的过程。当一个学生举起了手盯着忙碌的教师并等待帮助，学习的过程就停止了。课堂不是一个主题公园，在这里学习不需要排队。

学科内容知识

这是你阅读这本书最主要的原因。教师可以设计重要课程，借助编程让学生掌握学科内容知识。举一个简单的数学课的例子，如果你给学生出一道数学题，他们经常会把答案脱口而出，甚至在要求他们开始解题之前就已经说出了答案。教师总是希望改变这种急于计算的做法，以便学生能够参与到对数学知识的理解中来。那么如果不是让学生直接解答问题，而是让学生编一个程序来解答问题，情况会怎样呢?

当要求学生编写程序解答数学问题的时候，他们必须完全理解题目要求他们做什么。当编好的程序解决了一个问题，那么它能解决相关的问题吗？相比简单地给出一个正确的答案，学生们在分享他们程序的过程中，可以提供更多关于他们的理解的信息，更准确地表明他们对题目的理解是否正确。

如果你正在教授关于过程的内容，如光合作用，学生们可以通过编程制作动画来表现光合作用的动态过程。当学生们编程制作一个过程的模型时，他们不得不深入理解该过程。最后评估就变得很简单了，只要观看做好的动画对不对就可以了。学生们的挑战是用移动和交互的部件来创造一个模型。照抄相邻同学的成果是没有意义的，因为屏幕上的东西都是由自己的程序来驱动的，偷看别人的也没有用。

学习拼写时也可以用编程对常见单词进行排序。幼儿园的学生能在ScratchJr上把错乱摆放的字母按照正确的顺序排成一行。一、二年级的学生可以用ScratchJr和Hopscotch设计自己的词汇表和拼写游戏。当学生们看到你在开放式工作室App（Open Studio App）平台上制作的游戏和课程时，他们也想设计自己的游戏，做好以后还可以互相分享。这些都是使用传统教学方法做不到的吧?

作者的声音

一个计算机程序是一篇文章，是由编写者根据一个目的和头脑里的一个想法来编写的一篇文章。读者或者用户体验了这个程序后，会对编写者构建的信息有自己的理解。当学生们参与这种创新性交流时，它可以促进培养学生的自我感知（A sense of themselves）能力。在英语课上，我们也把这个概念称为作者的声音。

从根本上说，心声能够分辨出你自己创建的文案与其他人创建的文案的不同。为学生设定有意义的挑战，并留给他们足够的空间来发挥时，他们就可以创造属于自己的独一无二的东西。如果这种创新的、表达形式的活动是你班级课堂学习过程的常态，那么学生们就会培养更强的个人认同感，并且在学习过程中感觉自己更有力量。要求学生通过编程分享他们的理解，你就给了他们看到属于他们自己的理解的机会。反过来，对于相应的知识，他们会有强烈的获得感。学生们会意识到他们竟然拥有属于自己的，并且可以与世界分享的知识。

如何通过编程来学习

通过编程来学习任何知识都是有挑战的。当学生与教师及其同伴一起学习时，他们有不断地重新认识自己的机会。通常你会发现教师更恰当的做法是让学生把平板电脑面朝下放置，分享一下他们所注意到的或是想知道的内容。短短的一个“爆米花分享会”[①]，学生们可以了解其他同学正在做的事情，知道其他同学也在经历自己所遇到的挫折，这可以让学生看到他们并不孤单。在这样的讨论会上，学生们分享他们在工作时所观察到的，无须举手，可以自由发言。失败是过程的一部分，一些最活跃的教师在编程课上就是不断地吸引学生，引导学生思考下一步要尝试的东西。

---

① 爆米花分享会：这是一种团队合作形式的分享会。一个班上所有的同学可以一起参加。学生可以用笔和纸记笔记。开会的规则如下：教师问一个问题或者提出一个有多种答案的问题，然后教师给学生时间来思考所提出的问题。当教师说“爆米花”的时候，学生们快速从他们的椅子上一个接一个地“爆起来”发言，整个过程是自愿的，而不是强制的。不发言的学生记录下自己对所回答问题的看法，并标记一下不正确的答案。在结束之前，大家一起讨论不正确的信息。

学生们会逐渐地培养出解决问题的一般方式，形成一些观点和看法，知道哪种最适合他们自己。有的学生会发现视频很有用，而有的学生会发现他们需要先观察其他同学然后才知道自己应该怎么做。单独活动、分组活动或者全体一起活动，这样不同设定下的元认知（Metacognition，对于自己思考过程和方式的认识）能让学生看到别人是怎样克服困难并解决问题的。由此他们可以构建属于他们自己的资源库，这对他们下次遇到困难的时候很有帮助。

编程教学可以带来什么好处？

编程是一种灵活的引导学习的媒介，有五花八门的工具和平台可以应用，可以实现很多目标。只有这一点并不能定义编程在教学上的价值。学生们一起给机器人编程或是设计一款应用程序的时候，其间会有一个特有的充满合作的过程。说充满是因为采用的科技工具常常带给学生很大程度的参与感，也因此带来人际合作方面的机遇与挑战。

教师可以用编程来把像回顾晨会流程这样简单的事情变成认知复杂的小组活动。采用编程这种方式可以促进对晨会流程的审视。学生们也会对晨会的过程记得更清楚，因为他们在编程的时候会主动地分解整个过程。当流程改变的时候，学生们可以写一个反映变化的新程序。如果所有的学生都能看到这个程序，即使每天早上这个流程都有变化，学生们仍然可以做应该做的事。

编程作为一种教学工具，可以为发展更深层次的认知、并行重复和新型的基于表现的小组交互创造条件。

更深层次认知

更深层次认知的本质来自改变学生与挑战之间的关系。当要求学生编写程序解决数学问题时，我们实际上不再是要求他们做计算，而是让他们用编写的程序做计算了。而且我们已经让学生编写了一个可以计算的程序，因此学生就把焦点放到了对数学问题概念的理解上，而不是解决问题。

并行重复

当我们要求学生对序列进行排序时，就会出现所谓并行重复的现象。例如，一年级学生用Bee-Bots来学习行星，他们编程指挥机器人从第一个行星航行到第二个行星，然后是第三个行星，第四个，等等，直到到达太阳系的边缘。学生四人一组，一遍一遍地重复行星的顺序。他们编程指挥机器人从第一个到第二个，其他旁观的同学会解决发现的问题和预测可能出现的问题，并可能提出解决方案。

新型的基于表现的小组交互

在这里，新型意味着独特。编程与很多课堂中别的活动相比，需要不同的技能和资源。对阅读或数学头疼的学生或许就是编程课上的解决问题专家。教师们经常会发现，有些学生别的课程学习成绩不好，但是在编程课上，因为他们所拥有的知识和理解却能让他们感觉非常自如。那些学生有了这样表现的机会，感觉到自己的力量可以改变很多事情。

很多学生总是觉得很难成功，并难以成为班级文化的一部分，但当他在编程应用程序中有了自己的发现，然后与其他同学分享时，目的感和认知感就会油然而生，所以编程需要社区的互动。编程语言不断地变化，新的语言层出不穷，没有任何一个人能知道所有的事情。在学编程的时候，学生们首先学会仔细阅读教程，当他们有了自己的想法的时候，就会自己编写教程或者截屏。

编程可以为那些学习课本知识没有感觉，觉得写一纸证明题枯燥无味的学生创造机会，让他们内心受到鼓舞。编程给学生提供了切实复杂的挑战。

第三章 离线编程和借助舞蹈的力量培养逻辑思维

经常被拿来介绍学生学习编程的好处之一是它能够培养学生的“计算思维”。这看起来是一个普遍接受的观点，但是，事实并非如此。对大多数教师来说，这个观点似乎模糊地回避了“以什么标准来衡量”这个问题。

什么是计算思维?

大量详尽的有关计算思维的讨论，请访问链接：http://scratched.gse.harvard.edu/ct/defining.html（访问日期：2018-08-15）。通过研究在线Scratch社区的工作成果，哈佛研究人员发现计算思维的三个维度：“（1）计算概念（Computational Concepts），（2）计算实践（Computational Practices），（3）计算视角（Computational Perspectives）”。

计算概念包括在很多编程场景和非编程场景中能看到的核心思想与命令，包括序列、循环、条件等。计算实践就是程序员所进行的常规活动，如试验、迭代、测试和重构。

计算视角则是程序员思维习惯的改变，比如，意识到编程是一种创造的活动，一种探索和发现的活动，并且跟别人合作时可以产生完全不同的结果，感觉更有力量和信心讨论关于世界的问题。

为什么要做离线编程?

当我们开始目的明确、专注地教计算思维时，会竭尽全力让学生在不同的场景设定中体验重要的计算概念、计算实践和计算视角。如果我们只让学生在玩平板电脑的时候才思考编程，那么我们只会在学生手里拿着平板电脑时讨论算法和程序。如果我们想帮助学生们构建一个灵活动态的编程模式，我们就会发现有各种各样相关联的和不相关联的程序可以用来练习计算思维。

不使用设备的编程，也称为离线编程或者不插电的编程，这对孩子们来说很有趣，能使孩子专注于编程概念而不是编程的媒介。当我们花时间在不同的场景设定中突出强调相同的概念，学生们就可以更完整、更灵活地理解这些概念。例如，学习正方形的二年级学生可以绘制正方形，使用绘制正方形的数学教具，拍有正方形的照片，用跳房子（Hopscotch）编程画出正方形，以及编程机器人在纸上绘制出正方形。这些想法可以把一项跟某种场景设定高度相关的技能，拓展到深入理解相关知识。这种转变赋予孩子们力量，而这正是我们期望的最高目标之一。我们想让学生深入了解他们所学的内容，这将成为他们认识自己的一部分。

运动对每个人都是有好处的。离线编程可以在任何空间完成，它可以让学生站起来或者动起来。学生们从早到晚都需要运动，定期短时间的身体运动可以促进学习，并提高专注力。编程可作为一些关于分类循环或者是跳道基舞（Dougie）[①]的活动的课程结构。一旦课程拥有了一套编程语言以后，你可以把一段程序投到屏幕上，让他们熟悉一下。当有了舞蹈分解动作的感觉时，就可以打开音乐了。

关于离线编程已经有大量的资料，很多都是教师们为了教编程但是没有合适的设备而开发的。本章会讨论两种离线编程活动，以及这两种活动是如何融合到一组体育和计算机科学的教学中的。

虽然已经有完整的从幼儿园到高中三年级（K–12）离线编程的课表，如网站 https://csunplugged.org/en/（访问日期：2018–08–15）。本章的重点是如何让离线编程成为核心学科内容知识的教学工具。

良好的离线编程的组成部分是什么？

1. 编程概念可视化。当你在教程序中的分步骤操作时，可以让学生设计一个由一系列步骤组成的舞蹈。当学生设计的时候，他们需要有写好的程序作为参考。低龄学生可以使用编程卡片甚至是扑克牌来编程。

2. 使用程序设计专业术语。如果你把一串命令作为算法引用后，就要在所有适合的上下文中使用该词汇。大胆地使用新词汇，也要鼓励学生这样做。最后一章中有计算机科学术语和概念的相关资源。

3. 充分利用场地空间。离线编程的一大乐趣是让孩子动起来。寻找地面上的方块，把它作为程序中的单元。所以“往前一步”就意味着往前移动一个正方形。当我们将电脑上的内容和真实世界建立联系的时候，学生们自然会感兴趣。他们可以编写一个程序让他们从桌子走到门那边吗？你们班级一天都走了哪些地方？你能写一个程序让人走到喷泉那里或者走到音乐教室吗？

---

① 风格随意，街头化的一种舞蹈，通常通过以一种振动的方式移动身体，并将手靠近头发或者从头顶抹过。

Fuzz Family Frenzy[①]入门

Kodable团队设计了这个非常棒的课程，时长45分钟到60分钟，可以让学生学习编程的概念，并且实践这些概念。两页的讲义可以从https://www.kodable.com/（访问日期：2018-08-15）下载。该课程的基本思想是把学生分成两人一组，一个人扮演机器人，另一个人扮演程序员。程序员要写一段代码，让机器人通过一段有障碍的路线。代码是用很简单的带有箭头的命令编写的，如左腿向前一步、右腿向前一步、左腿向后一步、右腿向后一步、身体向左转、身体向右转、跳跃、下蹲、抓住和放下。

课堂上，教师先介绍一下代码，然后演示一个非常简单的例子。需要说明的是，例子尽可能不要把要完成的任务介绍得太详细。虽然这与教师接受的培训背道而驰，但为了给学生提供更多的探索发现的空间，一定不要在一开始就给学生提供解决的方案。演程序员的学生需要理解如何编写代码，演机器人的学生需要牢记他们只能做代码指定的动作。

本课程也适用于三人一组的情况，两个人写代码，一个人演机器人。安排好时间，每个人都有扮演机器人的机会，并鼓励机器人发出有意思的噪声。发出噪声是很重要的，实际上你可以建议学生写出发出噪声的代码。这样教师可以写一个条件语句“如果我举起手，所有机器人的噪声都要停止”。

在计算思维的领域里，这项活动让学生写出指令，观察机器人严格按照指令做动作。开始的时候，尽量让障碍课程简单一点。学生掌握以后，你就可以用这个活动教学生学习所有的物理运动路线了。

像Fuzz Family Frenzy这样的活动可以很好地让学生思考编程，而不受平板电脑以及机器人的影响。当他们继续编程和学习时，学生们就可以练习从这个活动中学到的相同的技能。先离线培养这些技能意味着在采用新的平台时，学生们可以依靠以前就已经掌握的编程基础知识，集中关注课程中新的东西。

---

① 此处可直译为疯狂绒毛大家庭。但是这个名字对于读者很难有形象的理解，所以文中简单地意译为对朋友编程。根据译者的实践，小学生非常喜欢这个活动。——译者注。

与机器人共舞

离线编程是引入新概念很好的方式，上文所说的课程实际上是最简单的，它紧紧围绕着划分步骤和命令的执行。让我们稍微思考一下更先进的概念——循环。在程序设计中，循环是不断重复的一组命令，直到预定的次数或是满足了某个条件才结束。一个程序可能包含一个重复10次的循环，或者一个直到音乐停止才结束的循环。

在设计关于循环的离线编程课程时，你可以使用真正有趣的循环。舞蹈是少有的符合这个要求的活动。你的班上也许早就有舞蹈了，读完本书后，你会确切地明白如何灵活地调整一下这里介绍的想法，从而更好地在班上应用。

丘比特洗牌（Cupid Shuffle）①是一个简单的循环的舞蹈。根据维基百科（wikiHow）网页的介绍，丘比特洗牌有如下几个动作。

1. 向右走一步；
   向右走一步；
   向右走一步；
   向右走一步。
2. 向左走一步；
   向左走一步；
   向左走一步；
   向左走一步。
3. 向前踢一下你的左脚来放松一下着地的脚后跟。
4. 向前踢一下你的右脚来放松一下着地的脚后跟。
5. 向前踢一下你的左脚来放松一下着地的脚后跟。
6. 向前踢一下你的右脚来放松一下着地的脚后跟。
7. 原地踏步，然后身体转九十度。
8. 返回第一步，重复整个过程四次。

这个舞蹈特别适合教学循环，因为这里面重复的动作里包含着重复的动作。在程序设计中，这被称为嵌套循环。在课程的流程中，可以先把这些指令写在黑板

① 参见 http://www.wikihow.com/Do-the-Cupid-Shuffle-Dance（访问日期：2018-08-15）。

上。给学龄前儿童准备用符号描述的指令，给有阅读能力的学生准备用文字描述的指令。

在讲循环之前，让所有人一起按照指令来跳舞。然后停下来讨论一下怎么把这些指令写得更简短一些。先重点关注第一步，学生可能会想出多种办法把命令写得更简单。比如，像简单的“→×4”或“右边四次”。这是一个简单的循环。在他们已经了解循环的目的之后，在这时候，你开始引入“循环”的概念。循环的目的就是为了更有效地编写代码。

教师给学生介绍了循环概念之后，让每个学生自己为剩下的舞蹈动作写出指令。你可能看到哪个学生或者哪一组学生可以写出最短且可以正常工作的代码。一个有趣而又可行的检查代码的方法是让他们互相交换代码，然后所有人一起跳舞。谁的代码不正确将会一目了然，因为按照代码跳舞会不合拍。

像舞蹈循环这样的活动可以让学生们把抽象的循环概念具体化。你可以把这门课再扩展一下，包含条件语句：“只要音乐在播放，就重复循环”。音乐开始和停止，让他们利用声音传感器（耳朵）来检测音乐停止的时刻。另外，学生们可以为不同的音乐创作不同的舞蹈吗？

如果你班上的学生喜欢脑力休息（Brain Breaks，脑力休息指的是在完成一项任务之后大脑短暂的休息）和舞蹈，你可以使用网站GoNoodle.com（访问日期：2018-08-15）。这个网站收集了很多免费的资源，用于让学生们运动、拉伸和思考，也有训练注意力的资源。使用这些视频有助于将编程引入课堂，学生们可以选择一个舞蹈然后分解成一段程序。如果学生们已经学会跟着视频中的舞蹈来跳，编程就更容易成功了。程序编好后，学生们可以与其他班级分享。实际上，展示代码力量的绝好方法是跟其他班级分享程序，然后安排一个快闪活动，所有人在体育馆里一起跳舞，这些都可以通过程序体现出来。

这样的课程可以在当年，甚至于在接下来的几年里继续扩展。学生们可以设计自己的舞蹈，然后给一个真正的机器人编程，像Sphero（编辑注：一种大小与棒球差不多的智能小球）或者达什（Dash），让它们充当舞伴。这里有个技巧，就像金杰·罗杰斯（Ginger Rogers）[①]一样，机器人一定要以相反的顺序做事情。学生们需

① 金杰·罗杰斯，出生于美国密苏里州，舞蹈家、演员和歌唱家。

要尝试很多次，才能让距离合适，来跟上他们的步伐。

编程作为体育教学中的特殊工具

智能手环的出现和传感器的大量使用，使我们处于可穿戴设备技术革命的开端。未来十年，技术与体育教育的融合将会由于个人信息的收集发生变革。甚至在可穿戴浪潮席卷四方球活动[①]（Four–Square）之前，就已经有多种惊人的方法，借助于计算思维，帮助学生深入理解他们在体育课所做的事情。

规则逻辑

学生们学习新的游戏规则时，如学习皮克球（Pickleball），可以借助编程语言的条件语句讨论规则。“如果球掉在线的外面，就出界了。”给游戏规则写逻辑语句可吸引学生的注意力，让学生更加关注整个系统，同时给规则编写一个上下文，使之更有逻辑性。

当我们对一个我们编程的活动进行深层的讨论的时候，学生会对规则理解得更清晰。如果目标在规定的情境中，学生不需要借助其他设备就可以在白板上、纸上写出逻辑语句，甚至于可以在沥青皮克球场地上直接用粉笔写出逻辑语句。让学生根据游戏规则书写逻辑语句就会增加引入游戏的规则，让他们在完成新的挑战的同时，可以更仔细地研究规则。

程序思维的力量

在体育教学中，差异化绝对是一次挑战。因为体育课通常在教室外面进行，除了现场演示之外，想通过可视化的方式展示信息几乎不太可能。在把动作翻译成用简单符号表示的计算机风格的程序后，学生们可以更深入地理解复杂的动作和套路。仅用一个笔记本和一支笔，他们就能把一系列的动作分解成不连续的步骤。从

① 在小学里比较流行的一种四人玩的球类活动，四人站在四个象限里玩球。

表演做侧手翻到跳广场舞，教师可以用编程帮助学生用过程思维的方式理解一系列的动作。

在上面的例子中，丘比特洗牌这个简单的舞蹈被分为几步。设想一下使用程序设计符号来学习瑜伽或啦啦操的效果。学生可以掌握一个位置或是一个分解步骤的动作，然后把这些分解动作连成长串动作。还有很多其他离线编程的创意，可是本章只围绕舞蹈来说，因为舞蹈真正地让编程概念变得具体而可以被感觉到。舞蹈课程也很容易适合歌曲和舞蹈编排的内容。对于年龄比较小的学生，请考虑一下“头、肩膀、膝盖和脚趾”（Head，Shoulders，Knees and Toes）。命令可以简单地用简笔画和箭头来表示。

如果学生不理解屏幕上的概念，那就把给他们用实际生活中的内容讲解，利用所处的物理空间帮助他们解决问题。带着全班同学做过几次这样的活动以后，你会发现学生们可以自己独立完成。

第四章 学龄前儿童[1]的编程

① Prereaders：学龄前儿童，尚未学会识字的孩子，主要是从出生到幼儿园阶段的孩子，以看图为主。

小学生非常适合学习编程，因为这是一种适合培养复杂认知的活动。在The Foos①这种闯关式的无文字编程应用程序中解答谜题中，学生们可以培养阅读所需的能力。涉及编程的序列和规划有助于识字能力的培养。在读这一章之前，读者需要真的相信学生在会读书写字之前，就已经可以培养复杂的认知和逻辑能力。实际上学生们之所以能够学会阅读，正是大脑在复杂思维和逻辑方面发育的结果。

除了编程本身的优势，教师还可以用免费的手机编程平台设计内容丰富的数字式学习活动。有了这些工具，不认字不再是学习编程的障碍。学龄前儿童可以编写应用程序来操控机器人，甚至在离线编程活动中互相编程（一方表演机器人，受另一方控制）。

现在有多种多样的编程工具和平台专门为学龄前儿童设计。你肯定想知道应该选用哪些工具，费用是多少。在决定选择什么工具之前，需要考虑工具所能辅助的孩子的年龄范围和技能。工具是否能具有独特的功能？是否容易使用和存储？最重要的是，该工具是否支持你们班级所要培养的价值观和学习目标？

前面的章节讨论了离线编程活动所能带来的一些潜在的应用能力。本章将集中讨论一系列针对不会独立阅读的孩子学习编程的可选方案，每种方案都可以提供不同类型的学习。本章在讨论每种编程平台的同时，也讨论和介绍了一些示例课程。在阅读对这些工具的介绍时，重要的是我们需要一边读，一边想象一下我们的学生在使用它们时的情形。

编程培养的技巧

即使不考虑对学习学科内容知识的帮助，编程作为一项活动也能够帮助学生培养逻辑能力、协调能力和识字能力。

1. 阅读屏幕上的文字说明，回答问题“它要我做什么呢”。
2. 提高对语法的关注。
3. 分步骤做事情。

---

① 程序员常用Foos来表示一些概念的替代词，如一个命令、一个变量等，网站为http://thefoos.com/, 访问日期：2018-08-15。

4. 理解命令和动作的关系。
5. 精细的运动控制技能。
6. 在执行的时候读取代码。

应用程序和机器人能够为创造、培养和提高识字能力创造条件。不过这意味着我们可以放心给孩子平板电脑，然后设定一个时间段让孩子自己玩，并称之为教学吗？需要学生接触这些设备时，教师需要不断重新思考他们的教学方法。

如果学生玩平板电脑的时间都是在玩应用程序，并且是独立的，那么这种教学在课堂上是非常有破坏意义的。因为学生发现这些高科技设备是个人单独使用的，并且在使用时也没有具体的约束条件，平板电脑的弊端就会更加凸显。把可以单独玩数学应用程序作为奖励，就会让玩数学应用程序的时间变得比上课时间更重要，这样就导致上课成为一种障碍，一种通往科技时代道路上需要克服的障碍。

如果我们把高科技产品作为对个人的奖励，但是这完全不在教学范围之内，那么所有的学生也就不会对此有别的期待。如果我们用高科技一起迎接挑战，解决问题，科技就完全变成另外一种工具，一种帮助完成挑战，体验学习乐趣的工具。

还有其他的吗？一旦你知道有一个有趣且吸引人的工具，它可以培养识字能力，也可以用它学习任何学科内容知识，你还需要了解什么呢？进一步了解在学校中教编程也并不是新鲜事之后，你也会更加轻松。虽然计算机编程出现在学校教学中其实已经有很长时间了，但是依然能给学生们以前从来没有的机会。

编程的力量

1986年，学生在学校学习编程已经是标准的做法了。当时是在配置了电脑的科学课上教，通常是每个学生一台电脑。学生们会使用简单的编程语言，如LOGO和BASIC，创建简单的图片或形状。这些图形往往是逐点画出来的，然后通过点阵打印机打印出来，最后出来的成品就像分辨率很低的单色刺绣那个样子。

虽然我们所使用的编程平台发生了翻天覆地的变化，我们对于科技的期待仍旧是一样的。如果我们教授编程，我们要经常为孩子们迎接未来的工作挑战做好准备。那么在小学阶段，这样的目标就没有一点说服力甚至有点过度了。如果我们要对一年级学生要从事的工作说些什么，我们唯一能说的是，我们根本不知道孩子一生中会从事什么类型的工作。小学阶段编程的目的不是一些抽象的为将来的工作做准备的东西，而是为了支持学生的学习。

吸引人参与的程度有时被描述成从无聊到灵感的连续体，是像鸡尾酒那样分层次的，可以影响学生保持学习状态的程度。如果学生觉得乏味无聊，他们自然不想学习，而如果是鼓舞人心的，学生们就会投入地学习。区分这些不同分层的最重要的成分就是创造带来的乐趣。快乐源自创造属于你自己的东西。虽然在家具店里制作一套架子可能让我们充满自豪感，创造的乐趣只有在我们赋予未知事物形状或声音的时候才真正出现。这就是为什么教育工作者总是聚焦于学生的意见和给予他们选择：我们必须在学习体验中给孩子留出足够的空间，允许他们创造出属于自己的信息，同时给予他们足够的指导，使他们感受到创造这些信息的必要性。

教学龄前儿童学习编程是一种乐趣。做得好的话，这项工作就是“辛苦并快乐着”。在课堂上，编程被视为很有挑战性、需要付出努力、需要保持专注并有时需要帮助的游戏。教低年级的学生或许很棘手，尤其是课程比较复杂，需要教师全身心投入的时候。当创造一个数字学习体验课的时候，你可以控制哪些因素？活动需要多长时间？有多少编程是有意义的？每个教师都要心里想着他们自己的学生，所有这些注意事项和决定都是教师必须要考虑的。

没有人会希望教师成为编程专家，教师需要成为孩子的专家，了解儿童学习特点的专家。

一堂课要多长时间？

课程的所有方面，从任务的长度到采用的编程语言和编程平台，根据学生的实际情况来决定。 堂课可以持续多长时间，直接与当天课程的难度直接相关，至少在低年级的学生中要这样考虑。更多关注团队工作和社交技能的课程要求会更高，这些课程可以先从20分钟的时长开始。要把握在孩子流眼泪之前就要切换活动，当然，我们也不应该害怕这些事情。

有时学习会令人充满疑惑和失望透顶。当学生们哭的时候，通常是因为他们完全不清楚下一步应该做什么。通过简短的谈话辅导，学生们应该能够重新跟上课程。“辛苦并快乐着”很难，而且有时候并不那么快乐。同学们专注编程并完成小组工作时，大家可以跟着GoNoodle[①]的视频跳舞。

为什么要跳舞?

当学生对编程的熟悉程度越来越高时，可以为GoNoodle上的视频程序写一些指令。一边看视频，一边看程序，学生们可能会选择“预读”程序，等着接下来的舞蹈动作。不管有没有程序展示，集体舞蹈是一种按照顺序来做的活动。舞蹈对学习有帮助：紧跟指令和屏幕上的动作在认知上要求很高，做到了会给人一种真正的成就感。既能强化技能，又能有良好的内在的回报，用集体舞蹈这种方式结束编程课程，是一种很好的方式。

随着学生不断地学习编程知识，他们会用集体舞蹈来学习编程，并能通过编写程序来创造舞蹈。

编程是什么样子的?

设计工作室已经取代了计算机实验室，桌子也被推到了房间的一侧，这样就有更多的空间跳舞了。学生们不用键盘来编程，有时也不用屏幕。学生们走来走去，互相讨论。他们在卡片上画出程序的指令，一起把卡片按照正确的顺序排放，最后把程序输入。这就是一年级的编程。

有时候学生会四个人一组，按照骰子上的数字，引导大黄蜂形状的机器人移动到标有同样数字的瓷砖上，其他时候，他们会肩并肩地站着，共同解决基于应用程序的问题。任何一个人成功了，他们都会击掌庆祝。

编程不是孤立而安静地进行的。分组工作中的学生每人都有积极的作用。虽然他们不断地换人来操控平板电脑，但他们在做的事情比“轮流”更复杂。当编程成为一项集体行动时，课程设计最大的挑战就是保证在任何时候，每个学生都要有积

① https://www.gonoodle.com/（访问日期：2018-08-15）是一个提供视频，教孩子跳舞放松，转换头脑的网站。

极的角色。有些学校科技课限时每周55分钟，所以在课堂上根本就没有时间让学生等待。

虽然“一对一”的编程教育方式非常流行，而且教育机构总是炫耀他们的承诺，为每个学生都配备一台设备，我们却很少让学龄前儿童自己一个人编程。之所以这样做，最大的原因之一是他们还没有学会如何通过阅读平板电脑上给出的提示来寻求帮助。没有同伴的交流，遇到困难的学生不得不等教师有空的时候过来帮忙。在这种情况下，让学生们培养练习协作的语言与技巧是比“一对一”更好的教育方法。当他们是在学习而不是等待时，可以学到更多的东西。

哪些编程语言适合学龄前儿童?

在任何一个电脑程序员提出反对意见之前，我们必须先要清楚地声明：不识字的孩子不使用完全意义上的编程语言。他们使用App或编程平台，内置了通用的可视化的元素，类似于程序设计的快捷方式。那些可视化的快捷方式用来展示语法，如拼图的每个部分。这样年幼的学生就可以在不需要阅读任何内容的情况下进行一个编程式的互动。

用于世界上大多数职业的编程语言是基于文本形式的，掌握它们需要优秀的阅读能力。尽管如此，为学龄前儿童设计的训练编程和培养计算思维的App、机器人，甚至桌游，每天都层出不穷。

离线编程

机器人龟（Robot Turtles）这个桌面游戏，其设计初衷显然是为了让孩子在家里玩游戏而不是在教室里玩游戏的。尽管如此，它的玩法也是围绕着计算思维和解决非竞争性问题的。对每一个玩家使用命令卡片写出程序，然后由大人扮演计算机，用这些卡片移动机器人到指定的地方。游戏不使用文本，并分阶段引入新的编程概念。游戏设计真正的优势之一在于为孩子和大人（作为“计算机”）之间，以游戏为中心架起了沟通对话的桥梁，进行着与孩子的能力和力量相匹配的互动。在这种互动中，孩子们可以感觉到自己的力量，他们接受的挑战是灵活应用常见的语句。

除非你们班上学生和教师的比例可以达到4：1，否则这个游戏不适合全班一起玩，但是机器人龟可以作为多个活动中的可选项，或者基础编程学习工作站的一个项目。玩的时候，需要一个成年人或者一个年龄大一点的学生来引导，每一组玩的时间大约为15分钟。有条件在课堂上玩这个游戏的教师应该跟踪记录学生们进入游戏状态的频率，并且随着学生们玩得越来越熟练，调整游戏的难度，以促进技能的培养。

除了桌面游戏，还有更多活跃的离线方式能够把编程引入学龄前儿童的学习场景中。小学课堂上有很多机会方便通过调整现有的教学方法引入编程。考虑一下，歌曲和舞蹈教学可以用简单的符号来编程，并能很好地帮助教授循环和子程序的概念。如果你能和你的学生一起跳舞，明天开始你就可以带孩子学习编程了。用简单的视觉符号描述一个舞蹈，整个班级就已经是在用视觉标记的方式来编程了。看一下这些标记，然后问学生怎么才能把它们变得更容易阅读。在和班上学生编程的时候要注意前后保持一致：程序先左后右；一旦为循环和重复选择了一种符号，就坚持使用这个符号。

以广义的视角审视编程和计算思维，其最大的好处就是，经过一些调整，几乎任何学习体验都可以在修改之后富有意义且恰当地应用编程。应用编程的目的不是为了学会编程这项技能，而是在已有的学科内容学习的过程中增加复杂认知这一层。

离线编程为教师们打开了一扇门，任何的学科内容都可以引入编程活动，相比之下，编程应用程序就很少能直接融合学科内容的学习。

适合学龄前儿童的编程应用程序

有几种编程应用程序可以帮助学龄前儿童学习计算思维的基本知识。下面的分类想法尽管对编程应用程序的市场情况有点过于简化，但对两种应用程序还是有帮助的：闯关游戏类型的应用程序和开放式工作室类型的应用程序。闯关游戏类型App可以帮助学生构建自己对于计算思维和基本编程知识的理解。

Kodable和The Foos都要求学生用箭头和其他视觉化的命令指挥角色穿过含有各种挑战的环境。这些闯关应用程序通常设计为让单个用户操作。教师们在使用这些应用程序的时候要仔细设计学习体验，才能实现培养社交技能和沟通能力这两方面的学习目标。教师们要做的工作是围绕应用程序设计学习体验，而不是用App内置的关卡设计学习体验。

Kodable要求学生帮助Fuzz Family获得他们需要的帮助。他们需要穿过一条亮蓝色的路，经过一堆花园小矮人，还有大量金币的世界。编程很简单，学生需要移动的那些方块会闪亮，然后要拖这些方块去的地方接着也会闪亮。虽然没有任何的文字和语音方面的提示，这个应用程序也可以引导新用户学习基本的功能。因为应用程序本身已经给出基本功能的介绍，教师的角色就是围绕应用程序设计学习体验，支持实现更多的学习目标。

在Kodable中，尤其是那些初级阶段的关卡，有很多结对编程的机会。学生们第一次接触这个应用程序的时候，就让他们结成同伴，这样他们可以先观察，然后再上手编程。这样可以更快地掌握程序，同伴就是他们自己的求助资源。

当然，并不是所有的学生都愿意和他人分享平板电脑。这为有关合作和沟通的课程奠定了基础。在让结对的孩子分享平板电脑之前，先要跟他们讨论一下分享这个话题。谈谈没有编程的同伴如何在不打扰的情况下提供帮助。

The Foos可以提供许多相同的学习机会。每个App使用相同的沟通方式会帮助学生理解，编程概念和社交概念都是可以从一个App转移到另一个App，从一种情况应用到另一种情况的。

尽管这些闯关式App的设计只支持同时单个用户玩，在课堂上多人有协助的使用比单人无协助的使用会带来更有效的学习效果。如果没有成年人或年龄大一点的学生回答App是如何工作的一些问题，学生们可能会误解一些概念，会有挫败感。

闯关式App通过培养一系列顺序操作的步骤和计算思维，的确可以帮助提升识字能力，可是像ScratchJr这样的开放式工作室App，更能给予用户工具制作动画和自己设计的游戏。ScratchJr是最好的，可能也是唯一的给没有识字技能的孩子使用的开放式工作室App。它是免费的，既有iOS版本，也有安卓版本。ScratchJr也支持程序分享，所以教师可以在ScratchJr内部创建交互式的编程活动，然后直接与学生共享。这种灵活的开放式工作室平台支持学生创建以及支持师生之间程序的分享，是学校中可以采用的编程平台的发展方向。

供学龄前儿童玩的机器人

我们目前可以带学龄前儿童玩的最令人兴奋的编程是编程机器人。在过去两年（编辑注：以原书的出版时间为参考）里，教育机器人的世界已经发生了翻天覆地的变化。我们不再需要处理乐高机器人那么多积木块，也不用担心陡峭的学习曲线。通过来自奇迹工坊（Wonder Workshop），球状机器人（Sphero），蜜蜂机器人（Bee-Bots），移动教学机器人（Thymio）以及奇幻工坊的达奇和达达（Dash and Dot），学生可以对机器人编程，完成各种挑战，远远早于他们的语言能力发展到使用Scratch、Tynker和Tickle这些App来控制机器人的时候。或许在这些机器人中最简单的就是蜜蜂机器人了，它在教育领域中是技术最成熟的。

蜜蜂机器人有七个按钮可以用来编程。每一个前进和后退命令都会使机器人移动15 cm。为蜜蜂机器人设计操控命令非常简单。可以命令蜜蜂机器人在专门有字母、数字或图片的地毯上移动。蜜蜂机器人的造型很滑稽，可是它不是完全模仿蜜蜂，也不能走出任何可爱的路线，而是让它怎么动就怎么动，这对低年级的学生来说，很有好处。

蜜蜂机器人的优势在于其简洁性，可是这也决定了这款机器人的应用是有限的。它可以慢慢地移动，犯一些小小的错误，这样最适合学龄前儿童玩。蜜蜂机器人被设计为教育机器人的初衷是供在教室里面使用，有很多成熟的资料指导怎么设计卡片和垫子，而且用微软Word软件和覆膜机制作不同内容的垫子也是相当简单的。这是非常适合教师和学生的入门级机器人。

其他现有可用的机器人在命令操控上难度要大一点，它们是真正可连接的玩具，既可以当玩具，也可以作教具。这些机器人被用作教学工具时，其精彩之处在于使用的时候不管看起来、听起来，还是摸起来都像是在玩。学生玩的时候，能够全身心投入进去，教师一定要抓住这个时机引导学生到学习上来。

Sphero机器人是一种棒球大小的电动可编程球体，移动快速，并且发出五颜六色的光。这样的设计能让孩子边玩边学，沉浸其中。Sphero为学龄前儿童设计了画一画和开一开（Draw and Drive）App，有Android和iOS两个版本。在这个App中，学生在平板电脑的屏幕上画条线，机器人就在教室里沿着相应的路线移动。学生需要校准机器人，弄清楚如何控制方向、速度和颜色。简单的控制界面让学生更好地理解输入和输出接口，比Drive的远程控制界面更容易懂。

当用Sphero为学龄前儿童设计课程时，要特别注意互动的好玩层面这一点，也可以用这些机器人培养人际交往的技巧，练习解决问题的能力。因为机器人是用平板电脑来控制的，学生分组操作会更容易成功。任何机器人课程都需要宽阔的地面空间，而像Sphero这样的快速机器人，需要地面上有稍大一点的物体作为目标。如果目标太小，学生也许可以很好地控制机器人沿着正确的路线移动，可是惯性会让机器人过快地错过目标。

还有一个很有趣但是会把场地搞脏的玩法，就是让孩子一起用Sphero进行艺术创作。Sphero机器人的防水功能，虽然在学校里不太常用，但是我们可以用来玩水彩，玩过以后再清洗掉就可以了。

这种玩法环境设置特别重要。这幅画要画多大？你的纸张有多大？你可以制作多大的木框来框住你的画作Sphero？如果你不想看到沾满颜料的机器人在你的房间里到处跑来跑去，你一定要制作一个简单的盒子，把机器人限制在绘画的区域。不要把颜料放在绘画区外面，可以用一个浅碟子盛着颜料，放到画纸的一个角落，操控机器人钻进颜料，然后再从颜料里钻出来。

学生把机器人放在颜料中，对准，然后在平板电板上通过绘图来编程。在屏幕上画一条线，机器人就会沿着线移动，在纸上留下颜料的痕迹。这个活动也可以修改一下，为稍大一点的孩子使用更高级的编程界面，但是需要说的是，这种玩法对学龄前儿童来说超级有趣。

摩根（加利福尼亚州的一个教师）的一年级学生用机器人作画的时候，班上同学兴奋地大喊大叫，甚至有点混乱和疯狂。同学们投入地画画，非常高兴。用编程活动系统培养学生的基本文化能力是一个完整的系统，而用机器人画画，是其中一个有趣的部分。

奇幻工坊生产的Duo机器人那么可爱，那么有个性，特别吸引人的眼球。达奇是一个有三个轮子的机器人，头部独立于轴距可以独立运动，从而可以环顾四周。达达看起来就像是没有轮子的达奇的头部，不能移动，但是可以发光和发出声音，声音可用编程输入或者自行录制。

本篇文章介绍的机器人中有的很有个性，都可以完全独立地工作在不同的个性模式。例如，充电时机器人将在20分钟后进入睡眠模式。机器人通过打哈欠，环顾四周，然后开始打鼾，这说明开始进入睡眠模式。醒来的时候，机器人会跟你友好地打招呼，说一声“Hi”。这些功能特点非常可爱，学生们可能会疑惑机器人是不是只能执行其中内置的程序。当我们使用连接的玩具时，我们需要帮助学生理解机器人的这种互动也是程序，预先安装在机器人的固件中。

达奇和达达可以用多种App编程，包括Blockly和Tickle。学龄前儿童最好的选择是奇幻工坊自己的Path App。在这个App中，学生们可以把表示机器人动作和声音的图标堆到一条线上。当按下开始键时，机器人一边沿着路径移动，一边按照顺序做图标代表的动作。学生可以把达奇的移动和个性化的操作排成序列，编成故事。学生真正的创造性技能来自用一系列活动描述故事。

用达奇和达达设计的课程以讲故事为中心。完成入门级的Path教程之后，所有的移动、声音和个性化的动作就都解锁了。通过访问这些工具，学生可以制作小故事，练习表达。这种使用机器人来表达创意的方式已经远远超出编程所给出的限定了。

例如，我们假定课堂上学生们在读埃兹拉·杰克·基茨[①]（Ezra Jack Keats）的《眼镜》（*Goggles*）这本书。学生们可以编程让达奇和达达表演其中部分的片段或者扩展那个故事。例如，让学生表演或者重新构想一个故事，我们这样做是为了让学生不断思考发生的事件以及人物角色是如何回应的。当我们要求学生对机器人编程进行表演时，既可以在认知复杂度上增加一层，又可以缓解一定程度的个人上场表演时的焦虑。

当学生对机器人编程进行表演时，直到他们解释了机器人的动作和为什么那样移动才算完成任务。评估机器人叙述故事就是这么做的。学生们要给机器人演员录像，并解释机器人完成的动作。然后学生们分享视频并做出回顾，可以看作高年级所做的“代码谈话”的初期形式。只要给予一定的支持，甚至幼儿园的小朋友也可以通过制作这些视频来反思学习。

Thymio Ⅱ是一种多传感器机器人，是最复杂的机器人，但仍然适用于学龄前儿童。连上笔记本电脑后，学生就可以在拖放式的可视化编程接口里面，建立传感器触发器（光传感器、声音传感器和距离传感器）到动作的关联（前进、转身、停止或者播放声音）。Thymio配置了两个电机和二十多个传感器，与乐高系统是兼容的，适合学生进行原型设计和培养设计思维。

可以从沙伦·马祖克（Sharon Marzouk）的网站上（Techykids.com，访问日期：2018-08-15）找到更多Thymio课程设计的创意。网站上有沙伦在他们班上和课外活

① 埃兹拉·杰克·基茨，美国作家（1916.3-1983.5），著名作品有《下雪天》（*the Snowy Day*）。

动的课程，还有学生们完成的项目照片。沙伦指导她的学生按照设计开发的过程，利用Thymio的功能，创造属于他们自己的东西。

学龄前儿童编程的选择在不断丰富和发展。从教育者的角度看，这很鼓舞人心，因为将计算思维引入课堂的工具变得更加容易和可靠。当我们要求学生们共同完成认知复杂的编程任务时，我们就是在帮助学生培养使阅读更有趣和更有意义的技能。

第五章

基于Blockly的App编程

为什么要用Blockly?

可视化的编辑器，像Hopscotch或Tynker，通过互锁形状来处理程序的语法，不匹配的命令不能连接在一起。这种可视化的编程方法，降低了对语法的要求，很适合低年级学生的使用。Blockly是一个构建像这样的程序编辑器的工具。

在可视化编辑器中，学生们把命令一个一个靠在一起，在下拉菜单中选择选项，不用手动数一下有多少个嵌套的括号，也不用为一个特定的颜色寻找16进制的颜色值。教师们熟悉平台后，可以很快地定位问题，比找到一个放错位置的分号要快得多。

使用基于Blockly的App，学生们编写程序更快速。在一节课45分钟内，学生可以完成多个迭代，包括制作一个视频游戏、一段动画或者一个模型。这种创建的速度，尤其令那些有文本方式编程经验的人吃惊。学生从二年级到四年级在Hopscotch、Tickle和Tynker平台上完成的项目，可以为他们在四年级到八年级时使用Scratch编程做好准备。

当学生们在玩基于Blockly的各种不同的App时，他们可以把一个编程环境中学到的知识应用到另外一个编程环境中。熟练使用这些App可以帮孩子们练习怎么在一个新的环境里面探索。虽然在Blockly中编写的程序通常不能在编程环境之外运行，但是开发人员正努力解决这个问题来让分享变得更加简单。

Hopscotch已经组建了一个协作良好的用户社区，用户可以玩别人的游戏，并可以把别人程序的分支引入自己的项目中，制作属于他们自己的游戏。类似于这样的围绕着编程语言的创意社区有很多，社区用户之间积极的互动，是任何编程课程的重要组成部分。

Blockly不是一个折中方案，而是适合开发编程和计算思维产品的框架。可视化编程语言让用户在创建时减轻用户的语法负担。通常编程App不会仅仅让学生用不同的方式连接一些写好的例程，比如，Tickle、Hopscotch和Pyonkee就提供了尽可能多的命令。Hopscotch被认为是一款图灵完备①的编程语言，它本身就回答了这样一

① 一个能计算出每个图灵可计算函数（Turing-computable function）的计算系统被称为图灵完备的。一个语言是图灵完备的，意味着该语言的计算能力与一个通用图灵机（Universal Turing Machine）相当，这也是现代计算机语言所能拥有的最高能力。

个问题："Blockly是一种真正的编程吗？"

在App中编程

现在已经有了很多可以在平板电脑上使用编程App，包括iOS和安卓两种版本，而且似乎每天都会出现更多的编程App。请阅读本书最后一章，其中有我们对编程App的介绍。编程App通常可以分为闯关游戏式App和开放式工作室App。闯关App通过游戏化的关卡设计，随着关卡的改变，挑战难度的增加，闯过这些关卡，用户就学会了基本的编程原则。

开放式工作室App的目标是让用户在通过一个基于Web且与App相连的接口或者直接在App中设计和构建程序。两种方式没有优劣之分，只是不同的方法。当决定在课程中到底使用哪种方式时，需要考虑一下你的学习目标，并依据教学目标选择合适的方式。

闯关式编程App

闯关式编程App，如Kodable、科迪的探索（Cody's Quest，Tynker的产品）①和The Foos，使用了尽可能多的游戏机制引导学生操作整个学习平台中的工具、命令和结构。通过挑战的方式，依次介绍这些概念。这样的工具可以在整个班上使用，也可以供个人使用或者作为备选，都会是非常好的学习工具。

这种类型的App常有内置的简洁的教程，没有多少编程经验的教师也可以选择使用。也就是说，平台本身就可以教用户如何使用。选择一个智能的平台，或者一个至少能帮学生通过挑战来学习的平台。Tynker就有各种不同的级别，值得推荐，原因是它屏幕上显示的帮助信息非常棒，孩子可以通过认真阅读来解决闯关的相关问题。

要求教师在学生用这种App之前就通关App中所有的关卡是不现实的。但有些

① http://www.kidzworld.com/online-games/293-hour-of-code-play-codey-s-quest，访问日期：2018-08-15。

App为教师提供了通关攻略，可以在App中的“教师”按钮来访问或者在相关网站上查询。

不要因为这些App看起来像游戏就对他们失去了兴趣。学生们会发现这些游戏风格的界面非常吸引人，这些App用等级、积分和奖励的机制，让孩子们保持学习的乐趣。

Kodable

在这个游戏中，学生们帮毛绒家族穿过一个被称为Smeeborg的五颜六色的世界，但是他们的船不幸坠毁。学生在闯关时，会遇到很多毛绒角色，通过Kodable的设计，可以帮助学生学习计算机科学和编程的基本知识。游戏设计者希望能吸引学生的注意力，培养学生计算思维和解决问题的能力。

随着闯过更多的关卡，更多复杂的迷宫提供了应用高级编程概念的机会。学生从使用简单的命令（左、右、上、下）到使用循环和函数。在攻克这些不同的关卡后，学生进入不同的游戏模式，进一步学习变量和数值在程序中的使用。

Kodable是一个单人游戏，一次只能供一个孩子玩，教师们也可以把它作为科技课的一部分。Kodable的学校版本需要订阅。教师可以通过一个仪表盘看到学生的进度，知道学生在什么地方有困难。Kodable也有一个可以定制的课表，课表有对应的课程和可以打印的资料，以及标有程序中具体的概念和关卡的信息。教师可以制订学生在App中要通过的路径，设置哪些关卡可以玩。

学校订阅的另一个好处是学生可以在家里用平板电脑或是通过网页访问他们的资料。这样在家里玩Kodable也会给教师发送数据，教师就可以设置一些限制，比如，从家里访问的时候，教师可以只解锁部分课程。这样教师可以指导使用该App，学生也不会因为在家里玩所有的关卡而太入迷。

Kodable设计的课程有助于学生学习计算思维和编程。把科技概念融合到非科技课程中时，离线活动和课堂讨论是较好的模式，那么Kodable可以做非科技学科知识的融合吗？这个闯关式App中数字体验关卡在教师使用之前就完整创建好了，教师不能修改。当教师访问关卡编辑器时，或许可以修改。目前，积分必须在编程中体现，非科技学习目标需要在环境和课程设计中考虑。例如，Kodable可以支持结对编程，而在结对编程中，学习目标是沟通。

让学生一起解决问题，并在同一个屏幕上编程协作是一个要求非常高、很有挑战性的目标。若活动很无趣，感觉不像游戏，玩起来也不像游戏，那么这个目标就很难实现。在边玩边学的体验中，尽管也有挑战性，但可以达到我们的目标。最后课程开始时的引导介绍需要包括教学模式和沟通方式的讨论。

科迪的探索（Cody's Quest）

Tynker的产品科迪的探索类似于一个闯关的编码教程，里面一个可爱的小妖怪从桌面上走过，边走边吃糖果。学生与这个编程App的互动发生在平板电脑上。这个App一次引入一个Blockly代码元素。随着不断过关，挑战难度越来越大，涉及的概念也越来越高级，编码块上的文字便于快速掌握概念性的理解，所以小到二年级的学生都可以在课堂上使用。

学生在屏幕左边的编程面板上，把Blockly命令连接起来。程序块和接口有助于学生熟悉Scratch风格的编程。科迪在一个简单的测试平台上运行。随着学生继续接触Tynker出品的其他App，他们会在多人平台环境中对龙发号施令，也可以在一个俯视图游戏空间中做火箭船比赛。

Tynker拥有非常成熟的课表系统和线上课程，也有仪表盘和学生用户中心。有些关卡不需要订阅就可以玩，而且使用免费版本的教师也可以访问学生的仪表盘。教师可以使用浏览器或平板电脑访问Tynker，这可以让教师成为一名优秀的Scratch风格培训师。Tynker还把许多不同的编程体验关联到一个用户档案中。闯关游戏是在开放式工作室游戏体验中达到兴奋最高点。除了这些游戏体验，Tynker还有完整的基于Web的开放式工作室界面。除了计算机科学课程，付费的订阅服务内容还有数学和STEM课程，适合高年级的学生。

科迪的探索快速地在命令中引入了条件，如“一直向前走，直到你看到一个瓶盖，然后跳过去”。这促使学生逻辑性地思考，动手设计问题解决方案，这看起来都不错。那么教师还可以用Tynker App来做什么呢？科迪的探索这个工具可以让学生熟悉Blockly。我的同事斯泰西（Stacy）的班级中的三年级的学生先用Tynker App，然后再学在线的Tynker教程。完成教程后，他们就能够用在线版的Tynker为一个生态系统制作动态的演示了。演示所做的设计根据的是学生现场调查和在线调查收集的信息。

斯泰西教的班级是加利福尼亚州一所私立学校的三年级。他在班上也使用了Tynker中的编程课，来训练学生反思式的学习（Reflective Learning）。学生完成一个“代码访谈”（Code Talk），就是录制一个游戏的短视频，并解释他们是如何解决问题的。完成短视频后，他们会通过电子邮件发送到一个私人班级博客，并在教室前面的屏幕上播放。

The Foos

The Foos 是一个游戏平台，每一组关卡中，学生都有能控制不同特殊能力的各种角色。学生使用可视化编程命令，用箭头指示方向，用图标标记特殊的能力和功能。该App适合学龄前儿童使用，通过逐步引入新的概念和命令，给用户足够的时间熟悉新的命令。它的关卡是分组的，每一组都有一个免费的关卡，在这一关里，用户可以在没有任何特定目标下和角色进行交互。但它并不属于开放式工作室的交互类型。学生不能控制游戏设定，也不能添加对象或者角色，只能在有限的选项里面选择。

The Foos目前没有仪表盘，可是该游戏的制造商CodeSpark提供了在线课程和在线支持，还有过关攻略，包含了一些非常棒的编程复活节彩蛋，比如，怎么让角色“毛茸茸”扔热狗。目前处于开发中的“Foos Studio”将允许用户创建自己的关卡，来进一步加强对用户的吸引力。

跟其他闯关式App一样，教师可以将它与学习联系起来，有助于视频反思讨论和培养人际交往的能力。游戏改变者可在关卡编辑器可用时使用。一旦学生可以编辑自己的关卡，他们可以创建一个自然系统（如地层）或者复述课堂上最近一起读过的故事。创建游戏关卡的行为是专注于隐喻思维的创作（元思维）。编程让学生围绕学科内容，参与到这种认知复杂的活动中，能够真正提升学生在交互时智力上的专注和投入。

闯关式App学习的节奏

教师会发现这些App是自动区分难易的。学生会很快地通过他们“获得”的关卡，自然而然地花更多的时间在棘手的关卡上。让学生合理分组结对是必须在实现目标的基础上完成的。为了能安静解决问题而分的组也可以用来解决冲突吗？即使使用闯关式App是相当自助式的，在课堂上使用可不是仅仅分发平板电脑那么简单。帮助学生成功地学习还是有些窍门并需要一定的课程结构的。

用闯关式App教编程的小窍门

1. 不要轻视教程。很多App内置的教程还是很好的。让学生学习一下教程，阅读屏幕上的说明，或者在App中寻找提示或者过关方法。这是问题解决过程的一部分，也是你在教他们寻找和发现答案。但我们希望学生自己找到正确的答案。如果我们复制教程的信息重新制作教材，就是在教孩子向其他人寻求答案，既破坏了闯关式App本身自带的引导的特点，也剥夺了学生培养自己辩证阅读能力的机会。

是的，本身带有答案的App中的解决问题过程就是一种辩证阅读能力。作为教师，你要避免强化教师知道所有问题的答案这样的思想，要把这种期望转换一下，让学生们体验到工作学习的环境中就有他们要找的答案。

2. 专注沟通和问题解决。既然App承担了传授编程概念的重担，你就可以有机会教学生更重要的事情，例如，如何向他人寻求帮助，或者当他人需要帮助以及提供帮助时需要注意什么，或者在自己独立解决问题时，如何有礼貌地拒绝他人的帮助。

3. 停下来观察身体语言。观察会收集到大量的数据。通常的情况是：拳头敲桌子等于情况不错，捂着脸等于情况不妙。如果你想让学生解决问题时并且同学之间可以互相帮助，你一定要让自己变得不是那么容易被学生找到。一定要让他们自己独立解决，而不是帮他们绕过问题不解决。如果你想教育学生有韧性，你就要给他们制造一些障碍。不要因为感觉良好就给他们提供临时的帮助，要着手于长期的解决问题能力的培养。

4. 引入反思。用闯关式App授课最大的困难之一是除了你自己观察，很难评判学生们做得怎么样。可以让学生录一个视频，比如，在他们卡住的时候，或者他们过了某一关的时候。在课堂结束的时候，给学生5~8分钟的时间，用SoniPics软件或别的照片旁白应用程序，制作幻灯片或者做成电子书来演示他们的工作。用录下的屏幕视频，描述一下他们的成功和遇到的挑战。

录下来后，让他们分享短视频到班级的博客，或者用云服务（如Google Drive）直接分享给你。这样你就有机会更好地了解他们是怎样面对困难的。让学生思考一下整个学习过程，这种形式的反思通常是玩和学之间的区别，所以即使你和孩子相处的时间有限，也一定要留出时间来反思。

开放式工作室App

开放式工作室App（如ScratchJr，Tickle，Tynker的创建方和Hopscotch）在小学年级引入到课堂时需要采用不同的策略。这样的App没有关卡，没有目标、积分、星星或者是任何内置的激励工具。使用时，教师需要设计一个完整的教学过程，并采用分享和沟通的策略保持学生的兴趣和参与的积极性。

教过作文的教师都熟悉开放式工作室App的最大挑战之一就是它像一页白纸。学生打开Hopscotch或者ScratchJr时，他们可以做任何事情，这种无限的可能会是一个很大的问题。

学生常见的问题是"我需要做什么呢?"虽然这对单独工作的学生是一个问题，但这对教师来说是一个机会。开放式的设计为课堂上学习的内容建立联系留出了空间，而这一点在闯关式App的封闭系统中就很难做到，因为每个关卡里面的内容都是编排好了之后，学生们才能接触到App，而且是固定不能修改的。活动的重心在课堂学习的内容，而不是编程本身时，开放式工作室App用起来更容易，也更有意义。

ScratchJr

专为学龄前儿童设计开发的ScratchJr是广受欢迎的编程语言Scratch在平板电脑上的版本。这个开放式工作室App辅助创意的开发，可以让用户设计描述性的场景和制作简单的交互程序。程序启动时会在舞台上加载熟悉的卡通猫，用户可以添加任何他们想添加的角色，既可以通过程序中的角色库加载，也可以在程序中绘制自己的角色。甚至可以使用平板电脑的摄像头拍摄导入角色，这样学生可以把他们自己的照片放到设计的程序中。

用ScratchJr的重点是如何制作App，让孩子创造精彩的东西，而不是用这个App教学生计算机科学的概念。因为这种情况，所有App中没有内置的教程。网上有大量的资源，包括8个活动教程，可以下载到本地并保存为PDF格式。不像其他App，开发ScratchJr的团队不靠这个App盈利。好消息是所有的功能都是免费的，坏消息是你无法付费得到额外的帮助或者内容。与本书提到的很多资源一样，这个工具最好的支持是网上由使用这个App的教师组成的社区。

毋庸置疑，这个工具是目前适合学龄前儿童的最强大的编程平台。有鉴于该平台可以制作复杂的故事、对话，录制个性化的声音，支持多种自定义的背景，它的教学潜力是惊人的。没有太多直接的指导，学生们就能在创作中直接与课堂所学的知识联系起来。摩根所在的加利福尼亚私立学校一年级学生的第一个项目，就是用ScratchJr做一个会动的珊瑚礁模型。编程很简单，就是基本的运动命令，外加循环命令。学生们可以描述珊瑚礁里生活的生物，以及这些生物是如何互相影响的。

ScratchJr允许用户互相发送程序文件，这个功能目前仅支持iOS版本。从授课的角度来看，这意味着教师可以编写一个部分完成的程序发送给学生。这太棒了，因为这样教师就可以拿来设计“嵌入式App”的学习体验。幼儿园里的小朋友可以先用这个功能看图拼单词。教师创建一个文件夹，里面有打乱顺序的学生的名字，学生们需要编程来解读。随着编程平台的功能越来越强大，能分享完整的程序或者部分的程序会越来越普遍。

Hopscotch，Scratch和Web版本的Tynker用在线社区来分享项目，而Tickle和ScratchJr直接就能在不同设备之间或者通过电子邮件分享文件。这些项目分享后，别人也可以使用和修改。这被称为分支，有时也称为重新混合（Remixing）[①]。利用这些分享功能，教师分享部分完成的程序，能保证整个班级从同一个地方开始，或者整个班级使用公共媒体资源库。而且教师可以给学生提供额外的帮助，比如，程序的主体框架、任务说明或者具体的程序示例。

---

① 职业程序员通常称为分叉（fork）。

Hopscotch

Hopscotch有时被称为平板电脑上的Scratch，虽然不完全对，但在有些方面还是很有道理的。Hopscotch是一个基于Blockly的开放式工作室App，学生们可以创作和分享互动的故事、艺术和游戏。从递归式的几何图形到创建Flappy Bird的工作版本，Hopscotch是一种功能强大的编程语言，其界面适合二年级到三年级的学生玩。App主界面上没有可见的代码，但当选好一个角色后，屏幕上就会显示那个角色的编程窗口。

Hopscotch是一个图灵完整的编程语言，能够满足不同的要求。从二年级的绘画到五年级的科学建模，Hopscotch是一个功能强大的开放式工作室App，学生们可以很快地编程。有关使用这个开放式工作室App的介绍，可以下载韦斯·弗赖尔（Wes Fryer）的Hopscotch电子书。在这本书中，弗赖尔博士带领读者完成基于挑战的课程设计，让孩子在学习Hopscotch的时候保持投入和专注。需要提醒的是，专注于一两个技能的挑战可以让这个App用起来不那么难。

Hopscotch侧重于供个人用户使用，并且只有几个工具可供教育工作者使用。一个工具是课表，Hopscotch为家长和教师提供了一套简单的课程计划来帮助孩子使用Hopscotch并了解他们在做什么。另一个工具是社区，虽然这不是专门为教育工作者设计的，但是有的教师会把布置的项目分享到社区中，然后让学生找到它，创建分支或者重新混合这个项目。

在这种模式下，项目就类似于一份分发的讲义。当学生为一个项目创建分支时，他们会复制讲义。运气之外，再做一些计划，可以让学生参与的活动变得有意思。讲义的比喻似乎有点可笑了，但是这个比喻只是为了说明Hopscotch社区是如何用于分发课程材料的。

从教学的角度看，Hopscotch是强大的。由于它使用起来类似于Scratch，可以说Hopscotch可以使用过去25年（编辑注：以原书出版时间为参考）里所开发的所有编程教育方案。Hopscotch把平板电脑变成了一个数字的螺旋万花筒，让教师可以使用为龟艺术（Turtle Art）[1]和其他版本的LOGO程序设计的课程。

---

① 最早的可视化编程语言是LOGO，其主要形象是一只龟。

现代几何课上不用Hopscotch教正多边形就像是错失良机。当学生使用重复的函数对多边形进行编程的时候，重复的角和边这样的概念便能完美地体现出来。当问及八边形的角的大小这样的问题时，如果二年级学生学过了怎么操作，就会要求Siri用360除以多边形的边数，所以他们容易学会角度的测量。

Hopscotch的数学教学资源非常丰富，我们也需要提一下用Hopscotch建模的效果。学生们学习科学，通常会学习某一个过程或者某一个系统。编程可以让他们模拟这样的过程和系统（建模）。在对一个系统建模时，他们需要能够描述系统中每个组成部分的行为以及组成部分互相之间的关系，而这正是中学生在Scratch中可以做的工作。

四年级和五年级的学生用编程建模，要求他们能按照步骤思考问题，并能详细描述系统中各组成部分的角色和行为。在一个越来越多地要求概念性理解问题的世界中，而不仅仅是解决方案。Hopscotch是一个可以帮助学生设计问题，而不仅仅是解决具体问题的平台。

Tickle

Tickle App把Blockly编程的强大功能带到了物联网和能连接的玩具世界当中。与Sphero，Ollie，达奇和达达等机器人连接，Tickle让学生可以把他们编程的能力从屏幕转移到真实的世界。为适应机器人、灯、无人机或者你正在对其编程的对象，菜单中的命令做出了更改。命令置于编程窗口，其风格在使用过Scratch和Hopscotch的用户看来是那么熟悉。除了有Scratch用户所能想象得到的功能以外，Tickle还允许用户可以从机器人的传感器中收集数据，用来触发其他相连接的设备。有的学生会在Sphero机器人发生碰撞时，通过编程控制无人机升空。

目前，有很多非常出色的机器人课程在用Sphero配合Tickle或者用达奇、达达配合Tickle。虽然Tickle网站没有很多课程资源，但它的Facebook主页和Twitter页面有不少。Tickle这个年轻的App正努力扩展功能，以便每个地方的教师都能使用它将机器人连接到基于Blockly的编程的各种场景里。这个程序的真正强大之处不在于它是一个特定的App，而在于学生无须花很长时间再次学习，就可以会玩不同的App。

在教学上，Tickle可以让学生重新审视一下编程的方方面面，而以前编程只考虑两个维度。在Hopscotch上画一个正方形，在Tickle上让机器人沿着正方形路线行走，这两个程序相关，但是又有些不同。两种方式都尝试一下，比只尝试其中一种，会让学生对正方形有更好的理解。

用Tickle可以直接分享程序，所以教师可以有效地用它设计不同的课程框架。学生们可以互相分享，教师可以用这个分享功能让学生理解如何在一个创意社区中负责任讲信用，并且好好地工作。有了Tickle这个好工具，在课堂中使用机器人，就会专注于指导和编程，而不是遥控竞赛机器人附带的App。

Tynker游戏设计器

Tynker是一个分为三部分的闯关式App和一部分开放式工作室风格的游戏构建器。用户在App中过完所有的关卡后，就可以开始在游戏设计单元里面，设计自己的视频游戏了。即使这样，与ScratchJr或Hopscotch那种空白画布式的使用体验不一样，Tynker游戏设计器有打包成组的命令和动作，来帮助学生快速入门。如果没有打成包的移动命令像“走”（walk），用户就需要编程，分别控制上下两条腿和上下两只胳膊来产生运动了。

Tynker网站和在线学习社区拥有丰富的资源。正如前面闯关式App一节所提到的，对于想选定一个平台，方便家庭和学校都能使用的学校来说，Tynker是一个很好的选择，它既有平板电脑版本，也有浏览器版本。它有在线课程大纲，有可以下载的课程内容，还有一个庞大的教师社区，这些教师都在使用Tynker来教计算机科学和学科内容知识。

订阅Tynker就像注册了一个有良好支持的Scratch。对于想让更多的教师和孩子参与到编程这个活动中来，但是缺乏内部的资源来支持和培训教师的学校来说，这是一个非常好的解决方案。

网络版的Tynker有更广泛的学习机会，其他有关游戏设计平台的特点在这里也适用。当我们要求学生设计一个游戏或者一个可以互动的与课堂所学知识有关的程序时，我们实际上要求学生采用了符号隐喻式的思考，为课堂所学构建了一个抽象的表现层。让学生做一个游戏描述历史上的一个场景，可能会创作出像“Oregon Trail”（俄勒冈小径）这样跨越时光的珍宝游戏。无论学生在设计器中建立了什么，也不管用起来怎么样，评估的时候，要倾听他们对游戏的解释和游戏背后的意义。

Pyonkee

Hopscotch可能被称为平板电脑的Scracth，而Pyonkee看起来完全就是Scratch的用户接口，压缩适配iPad的大小，只是角色形象稍有不同。它的实现基于Scratch的源代码。用户可以从屏幕左边一个编程区拖动命令编程，与在线版和下载版的Scratch一样。这个App运行良好，尤其是考虑到它完成了Scratch团队用非Flash技术设计的Scratch版本。但该App有时也会受到一些非议，另外，附着在编程窗口的滚动条有时也不太好用。

Pyonkee1.9版本支持通过AirDrop导入已有的Scratch项目。这个强大的功能升级让使用平板电脑和Pyonkee教学更加简单，跟我们一直强调的Tickle和ScratchJr能够保存和分享项目，并让教师很容易设计任务然后分发给学生一样。它直接基于Scratch代码开发，所以很多为Scratch写好的必要的课程设计可以直接拿来应用。

有类似Scratch的强大功能和可移植的文件，Pyonkee应该是平板电脑上目前最强大的编程App。它还非常年轻，刚刚庆祝了发布一周年纪念日。[①]随着平台逐步完善，更多的学生和教师将会使用新添加的与Scratch交叉的功能。

闯关式App一次引入一种工具，但是当打开开放式工作室App时，学生能够马上使用菜单上所有的功能。尤其是在没有明确的目标时，选择会变得很难。开放式工作室App是强有力的学习合作伙伴，但是它们带来了一些内置的弊端，所以这里有一些优秀的实践经验，可以帮助你在课堂上成功使用开放式工作室App。

使用开放式工作室App教学的技巧

1. 平衡指导和探索。学生自己所想出的东西，是他们自己的知识。这种体验带来的奖励是任何星星和积分都给不了的。教师的角色就是帮助他们做好各项准备来探索事物。

在开放式工作室App中，这意味着一次要教一两种工具，并布置与这些工具相关的挑战任务。课堂上用的说明也要比闯关式App的详尽得多，因为开放式工作室

① 原书英文版出版时间为2016年，所以到现在已经是四周年了。

App中自带的学习帮助很少。学生们需要先观看一个视频介绍，或者先观摩一个演示，并在学习过程中，有大量支持基础代码实现功能的录屏或者多个入门程序。

教师可以通过把部分程序发给学生并在课堂上提供代码资源的方式来帮助学生。把示例代码投影到教室前面也是一种很好的方法。通过额外的设备访问到更多的代码，可以实现进一步的区分。如果一个学生遇到了问题，教师可以在旁边演示一些重要的代码，帮助他们解决问题，继续进行。

任何一堂课都应尽量限制所介绍的代码块的数目，通常是两个或三个代码块，然后让学生使用它们完成一些任务，理解它们的功能。选择很重要，如果学生在其他命令或者功能上花费太多的时间，这些挑战任务可以帮助他们拉回计划的轨道。

2. 将代码任务跟学科内容联系起来。开放式工作室App能够很好地联系到学科内容。如果课程是关于循环的，并且学生已经学习了珊瑚礁的生活，让他们创建一个动画，鱼和珊瑚礁动物可以游来游去。以教授消息传递为中心的编程课可以创建任何与课堂所学相关的对话。

当让学生在编程课中应用课堂所学内容时，要准备好拼写和单词墙帮助他们在程序中写更多的句子。创建角色间的对话让学生变得更投入，从而真正地使用从课堂学到的知识。只要他们投入时间，就能用已学到的知识创造新的东西，编程挑战也就变得有趣和透明。

3. 熟悉平台。教师需要理解开放式工作室App，如ScratchJr，Tickle App，Hopscotch是怎么工作的。每一个都有教程，用任何一个App来教学都要花时间好好学习教程。玩一玩，做一些简单的项目。学会怎么做的关键是一遍一遍地重复去练习。

使用开放式工作室App，教师需要制作很多项目，才能尽可能多地试验工具。在课堂上，教师知道的越多，他们所提供的帮助就越大。在教学生怎样在ScratchJr进行对话前，自己先做一个五六分钟的介绍。这虽然可能需要花费你一个小时的时间做准备，但是你会真正理解对话是如何触发的。你“投资”花在学习平台的时间，回报就是你可以和学生一起分享你创作的作品。

你不必成为一个程序员，但是使用开放式工作室App进行教学，就需要了解平台的基本知识，并知道如何访问相关资源，这是至关重要的。

4. 设计一个数字学习体验课程。如果App支持，准备课程时，设计一个包含多种活动的代码项目，在本书通过编码来学习的章节，你会读到一些更为详细的例子。

总体来说，想象一下不用复印机复印一堆工作让学生去做，而是在平板电脑上创建。不是靠软件公司设计有意义的学习活动，而是教师自己就能在开放式工作室App中创建这些活动，如Hopscotch和ScratchJr。

当教师花时间创作一个编程活动，让学生把同学名字中的字母排好，这可比从书上找一些名字更有意义。平板电脑更灵活，方便移动，我们设计的课程要充分利用这些特点。

用限制部分功能使用（Guided Access）保证学习的重点。我们不能限制设备而没有限制学生，互联网过滤器也的确很令人不满意。尽管如此，试着在平板电脑上使用"Guided Access"。在"设置"菜单中，访问控制和教育选项，"Guided Access"允许教师关闭屏幕的部分功能，并且让Home键和电源按钮不起作用。

用平板电脑教幼儿园的学生时，"Guided Access"可以帮助他们把注意力放在App上。关闭Home键和屏幕上的按键部分，教师可以更容易让学生把注意力放在App上。

编程App在学习中的角色

适合于幼儿园到二年级（K–2）学生的编程App使用很少的文本，通常会限制功能的数量和语言的复杂性。像ScratchJr，The Foos和Kodable这样的平台，设计得很成功，能够激发学生学习的热情。

低年级学生编程课的部分目标是帮助孩子们建立这样的认识：他们可以学习编程，用编程解决问题。作为教师，这意味着我们一定要做出榜样：我们可以学编程，我们也可以用编程。当我们付出时间和精力，把编程和所学课程联系起来，做出形成性的评估（Formative assessment）[①]，学生们就会明白如何把编程作为交流的工具。

① 与总结性的评估相对，注重过程中的反馈，而后者强调结果。

当学生培养编程技能时，可以使用闯关式App。Kodable 和 The Foos可以尽早进入幼儿园和一年级的课堂。让这种闯关式App教他们学习条件、循环和函数等概念。当你使用开放式工作室App时，可以跟同学们讨论各种工具，以及允许他们与其他平台建立联系。

作为一名教师，你不必成为编程专家，但是你必须充分了解每个平台，帮助学生把在一个平台上理解到的东西，应用到另一个平台上。

第六章 Scratch和其他基于Web的编程平台

既然你已经读到这里了，这个时候如果还没有自己的Scratch账号，请花点时间去scratch.mit.edu（访问日期：2018-08-15）注册一个。Scratch是目前最流行、最受支持、最高级的可视化编程语言，而且是免费公开的，所有人都可以使用。

什么是Scratch?

Scratch是一种辅助创新的可视化模块编程语言。几乎任何年龄的程序员都可以用模块可视化语法制作动画、电影和游戏。Scratch 1.0版本于2007年发布。这门图灵完备的语言在全世界有超过一千万的用户。目前，有一个桌面版本（Scratch 2.0）可以下载，Web版本（Scratch 1.4）可以在线使用。[①]大多数项目可以用Web Scratch制作，但是有一些高级的连接硬件的项目，像LEGO WeDo和Hummingbird（蜂鸟）机器人，需要桌面版并要安装扩展库。

Scratch是真正的编程吗?

问题的答案是肯定的。Scratch是一门真正的编程语言。编程语言能够做的事情，它都能做。因其可视化的语法降低了学习的难度，所以Scratch是一个很好的教育工具。开始学Scratch后，学生可以在一定范围内做一些非常复杂的事情。

Scratch这门语言很适合学习编程概念，并且可以把这些概念转移到其他平台。程序的语法不能从Scratch转移到Java Applet，但是编程的基本概念可以。Scratch所谓的弱点，即不能制作独立运行的程序或者游戏，实际上是该平台在教学上的优点。重点在于过程，而不是最终的产出。即使在公共的项目展示中，人们关注的重点仍然是分支和重新混合。学生们可以先播放或者看别人的程序，但不久之后，他们就能够在别人的程序基础上，按照自己的想法编写自己的程序。

Scratch可以让学生快速编程，引导关注编程概念本身，而不是冒号这样的语法。在教育环境中，这种免费的编程语言是一种强大的教学工具。Scratch可以用来建模型、做模拟、制作动画和交互式游戏。Scratch网络版有内嵌的功能，借助这个

---

① 截至2018年11月10日，根据MIT Media Lab Scratch开发团队的消息，在线版本很快会升级为Scratch 3.0。——译者注。

功能，教师和学生可以把Scratch项目放在班级博客和学校主页上。

Scratch最强大的版本是2.0版本①，可以在PC或者Mac电脑上运行。Scratch 1.4版本基于Web，可以更广泛地被访问，这个版本既是一个在线社区，也是一个编程平台。有些学校使用在线版本有所顾忌，因为需要学生创建自己的账号。最简单的方法是让家长同意使用他们的电子邮件注册。如果有学生的家长不同意，他们可以使用本机版本的Scratch，如果有需要，可以将入门程序直接加载到Scratch，这样就可以不使用在线版本了。

Chromebook②可以运行Scratch的Web版本，这样如果一个中学配备了Chromebook的话，Scratch会是一个学习编程的很好的平台。已经有平板电脑上的程序借鉴了Scratch的创意，如Pyonkee和Hopscotch，但是Scratch还不能在平板电脑上使用。

考虑到从幼儿园到五年级这样的跨度，可以从离线编程开始，到Scratch结束。学过Scratch的中学生可以建模仿真，可以给同学解释程序是如何运行的，如果有需要，完全可以准备学习另外一门编程语言。

谁可以使用Scratch?

有一年级的教师成功地使用Scratch教学生编程。教师们设计合适的挑战任务，直接教孩子解决每个问题所需的工具。Scratch的确需要阅读，学生阅读能力越好，他们用Scratch时越容易。阅读能力不是很强的学生可以在使用Scratch的时候锻炼识字阅读的能力，尤其是当学习体验本身就是设计用来获得识字能力的时候。

在很多方面，在Scratch中编程花费的时间可以培养学生的识字能力和逻辑能力。这是一种非常好的支持识字、解决问题和成长性思维的方式。目前说得不够多的是，Scratch可以带来快乐。它是一个参与度很高，并且吸引人的环境。教师可以借助这种环境，实现一些高级的教学目标，范围包括从社交技能到化学。

Scratch是所有小学教师都要学习的编程语言。理解Scratch并体验编程是教Scratch编程的前提条件。教师们不需要知道语言的方方面面，但是接触并理解这门

① 截至2018年11月10日，Scratch 3.0 Beta版本已经上线，并且官方网站会很快升级为Scratch 3.0。——译者注。

② 是谷歌推出的一种网络笔记本，能够提供完善的网络服务。

语言的程度，要超过一些闯关式App的编程界面。一旦理解了Scratch，就可以很容易地掌握其他的很多App和语言。几乎所有这些平台都有与Scratch共享的设计和功能。

Scratch是一种开放式工作室编程环境，所以它没有指导或者内置的教程。让学生们做好准备使用Scratch的最好方法是让他们运行各种模块式的编程App。初次接触Scratch时，对模块式编程的基本理解就可以让学生更快地学会编程，但是他们仍需要动脑，弄明白一些事情。

有很多书籍和网页教怎么学Scratch，从learnscratch.org[①]可以下载非常好的视频教程。受过这些课程培训的教师会学会如何更好地学习编程，也希望他们能通过这些课程体验成为最好的老师。如果你教的学生之前没有编程经验，可能你有必要跟学生一起，指导他们学习一些Scratch教程。

教室中的Scratch

Scratch没有特定的教育版本，因为一开始，它是作为一个学习工具来打造的。Scratch在线版本有几个功能，可以简单地在教学环境中使用。Scratch.org（访问日期：2018-08-15）是一个有组织的社区，教师和学生可以一起使用。社区可以让用户创建自己的工作室并可以邀请其他用户参加。这样教师可以创建一个班级工作室，并邀请所有的学生加入。学生加入工作室后，他们就能方便地找到彼此的程序，并可以留下评论，或者尝试运行一下，然后按照自己的想法修改一下，变成自己的版本。

Remix[②]教育

当学生在Scratch中重新混合程序的时候，首先复制一份程序，然后在上面修改，随着开发整个程序，最终把它变成自己的程序。Remix功能在课堂上尤其有用，因为教师可以上传程序然后让学生开始Remix。这种情况下，教师不会上传一个完整的程序，而是一个只包含当天教学工作需要的所有工作材料，等待进一步加

① 很不幸，这个网站已经不能访问。读者可以访问mit.scratch.edu（访问日期：2018-08-15）查找相应的教程。

② Remix改编，是指在已经开发的程序基础上，按照自己的想法和设计改动，以便实现自己的设计目的。

工完善的程序。

要求学生做手工时，你可能会给他们胶水和纸。当要求学生针对所学课堂知识编程的时候，借助Scratch中的Remix功能，教师可以方便地设置一个包含所需材料的程序。如果我们要编写一个有关热带雨林的程序，为学生准备好的入门程序可以有一些特定的动物，把它们作为角色加载进来，也可能是一两张自定义背景图片。

Remix是一个非常重要的功能，因为它一方面有助于数字课程的制作，另一方面可以为有学习困难的学生提供与其他同学不一样的更好的支持。正如教师创建一个程序然后让学生Remix时的方式一样，教师可以制作一些框架的片段，并通过班级工作室社区与学生分享。这意味着学习有困难的学生可以得到特别的帮助，这些帮助文件也可以很容易地供班级的学生使用，如果需要的话，甚至可以发送给家长和辅导教师。通常学生需要一段示例代码，或者一个最小功能化的程序来学习一下，以便克服他们自己在编程中遇到的困难。

分享的力量

Scratch最大的特点之一就是所有发布的项目都可以共享。如果用户发布了一个项目，工作室中其他人就可以访问，并且可以分享到班级工作室，而且可以设置让Scratch社区中的其他用户都可以访问。令人震惊的是学生可以通过链接或者嵌入的方式可以把程序分享给Scratch社区以外的人。也就是说，教师可以把学生的项目嵌入到班级博客中，或者学校可以在学校Facebook社区里分享直接的链接。

程序在共享时变为更强大的文本。正如我们呼吁教师让学生为真正的读者写作文一样，我们需要让学生为真正的读者编写程序，花时间寻找到读者真正需要的功能。当学生们看到其他人在查看并使用他们的程序时，这从根本上改变了他们工作的性质。编程不再是一个人用一台机器做了些什么，而是变成了一个用户在一台机器上，制作了一个可以与其他用户在其他机器上互动的文本。

分享程序为学生自我评估和反思过程提供了机会，同时也允许其他人完全访问他们创作的项目。当我们要求学生写作时，读者往往是有限的，除非把作文放到博客上，或者分享到更大的社区。有了Scratch程序，其他人会很容易消化和理解程序，而且看起来比写作更有趣。

当学生的程序被共享时，别人可以提问。有时他们想知道如何实现一件具体的事情，有时他们想知道去哪里可以找到媒体资源。这些都是源于程序分享过程中的真正的沟通。当学生们看到这些时，他们就会知道自己的工作成果已经有人在查看并播放了。这种与真实世界的联系可以改变学生在课堂上学习的方法。

分享带来的问题

学生分享工作成果的时候，这种分享可以深深地改变他们的学习体验。教师和学校面临的挑战则是如何用安全的方式有效管理这种分享，并保护学生的隐私。Scratch.org用户可以评论任何用户发布的内容，用户之间进行互相交流也并不困难。这种功能能够创建协作社区，但是在教学环境中却是一种负担。有些学校，他们只在本地机器安装了Scratch，特别要求学生不能访问Scratch.org，因为他们担心学生信息泄露。其他学校只允许六年级以上的学生在线访问，而且访问时需要家长的同意。

无论任何时候，我们需要和学生在线上社区工作时，很重要的一点是我们要预先跟家长商量，才能让学生访问社区。家长需要了解Scratch.org社区的公共性质。他们也需要了解访问这些开放社区所带来的好处。如果想在Chromebook上使用Scratch，你需要使用在线版本。这种情况下，你需要把开放社区的好处宣传给家长，邀请他们加入。让家长注册账号，然后加入工作室。即使不是所有的家长接受邀请，你也要构建一个包容和透明的环境。

学生可以从Scratch中学到什么？

Scratch用两个词来形容，那就是快捷和灵活。因为有了可视化的语法和丰富的命令以及功能，学生可以很快地开始工作。虽然一开始学习这个平台的时候，编程速度很慢，但是当理解了如何复制粘贴代码，工作速度就会大大加快了。如果你想真正领略一下Scratch的风采，只要打开浏览器，访问Scratch.org网站并浏览图库。你可以注意到这里的程序多种多样。有些是非常复杂而惊人的，有些则明显是新用户编写的。

图库中的程序表明几乎任何事情都可以用Scratch来做，但是有一些Scratch类型特别适合在课堂上学习。

1. 故事情节性的项目。

2. 演讲。

3. 动画模型。

4. 问题解答/计算器。

5. 有意义的游戏。

学生使用Scratch这个工具除了可以把他们所理解的知识展示出来，还可以引入编程作为学习和理解的方式，教师可以借此把课程的重点转到抽象概念的层次。每一种项目类型，都与现有的课后作业和学习预期非常契合，这样不仅方便课程的转型，而且通过知识的直接应用，让学习变得更有意义。

故事情节性的项目

如果你刚接触编程，故事情节性的项目适合编程这种想法也许听起来让人觉得不可思议，但是叙述故事和编程可以很好地配合。故事中的事件是清晰有顺序的，程序也一样。Scratch非常适合用户拿来制作动画，可以生动地表现一段简短的对话。与课堂所学科目知识相融合，学生用课堂上所学的任何内容都可以进行一段对话。接下来学生们可以制作或者选择对话的角色和背景，然后对对话的每一部分进行编程，搭建真实的对话框架结构。最后他们对自己的制作进行简短的叙述，可以放在网页上或者发电子邮件来与他人分享。

演　讲

如果每个人都在抱怨PowerPoint（演示文稿），那我们就会在学校里停止使用PowerPoint吗？这种情况只有在有更好的选择时才可能出现，Scratch可能就是这样。学生可以导入自定义的背景，制作互动式的幻灯片，不再使用无聊的PowerPoint。如果用PowerPoint制作背景图片，用Scratch演示整个幻灯片，这样问题就好多了。

学生可以用PowerPoint制作分页，以图片形式导出，然后将其作为Scratch程序中的背景。在Scratch中，每一页都可以设置时间，或者编程在屏幕上放一个按钮，点击就进入下一页。在Scratch中制作幻灯片，添加动画元素，制作模型和设计互动这些都变得很容易。

从PowerPoint换到Scratch，观众的角色就从被动变成了主动。讲演的人的重心从在现场好好表演变成了制作一个有意义的互动的过程。这种转换促使学生思考观众的角色，学生们可以更容易与每一个幻灯片互动，也无须为了听演讲而专门停课两天。如果你的教室中的设备配置可以教编程，与其让学生做一个演讲，介绍一下某一位前任总统的生平传记，倒不如让他们做一个互动的程序。学生们学会熟练使用Scratch以后，要鼓励他们使用可用的视频和声音。

将一对多的演示文稿转换为一对一的互动是一种模式上的改变。当我们说到做演讲时，我们很少说演说。[①]我们喜欢的TED演讲很有力量，因为它们是演说。幻灯片多数是没有文字的图片或者图像，演说者立于场地前面的中心。所以，与其让学生制作一个糟糕的PowerPoint，倒不如让他们制作一个关于前任总统的互动教程。如果说做演讲的学习目标是展示学生对所研究主题的理解，那么互动的展示比传统的演说更有效。

动画模型

五年级的学生学习地球系统的时候，他们需要尽可能地根据课本上的图片理解地层的概念。很难想象地幔和地壳之间真实发生的事情。借助于Scratch，我们可以让学生构建系统以及过程的动画模型，它可能像光合作用那样简单，也可能像物质不同状态时分子的行为那样复杂。我们想要让学生理解事物之间是如何相互联系的，用Scratch编程可以帮助演示这些关系，这种演示比静态的二维图片显得更清楚。

问题解决/计算器

数学教学中最大的挑战之一是让学生理解问题背后的数学概念，这在很大程度上是因为教师总是让学生算题，而不强调概念。如果不这样做，而是让学生设计一个程序解决一种类型的问题，然后给他们5个“测试案例”问题，这样重点就转移到数学是如何工作的以及如何描述数学的问题了。

---

① 此处原书作者提到了演说（speech）和演讲（presentation）的区别。通常这两个词是可以互换使用的，区别在于前者以说话为主，后者在说的时候有更多看得见的辅助性的材料，比如幻灯片和图片等。可以参考这篇文章http://www.brightcarbon.com/blog/speech-vs-presentation/，访问日期：2018-08-15。

当学生编写互动式计算器程序时，他们必须要搞明白是哪种运算，按照什么顺序来操作。他们还必须能够在适当的上下文中给出问题的解决方法。在这种程度上处理数学问题给学生创造了一个可以在概念上讨论数学的环境，因为在编程中主要就是处理概念的问题。我们不能仅仅让学生做实际的数学问题，却又希望学生在概念上有很深的理解。

有意义的游戏

如果你的小学科学教育是从1983年以后开始的，那么你很可能知道游戏俄勒冈小径。这个游戏可能被称为定居者模拟器。借助历史上真实发生过的事件所处的地标（港口和河流）和各种状况（痢疾和霍乱），这个游戏帮助学生理解西部旅行中的一些挑战。俄勒冈小径可以看作一种模板，一种学生自己能在Scratch中制作游戏的模板。而实际上学生们用Scratch制作的游戏的外观比俄勒冈小径那种老式绿色字体版面图形要好看很多。

Scratch 资源

Scratch社区拥有大量用户，有很多资源，其中最好的资源链接到了Scratch维基网页。即使你教的是低年级的学生，了解Scratch也能让你明白我们在低年级中使用的App和机器人是如何过渡到四年级及以上年级的。

其他基于Web的平台

对于用谷歌Chromebook上网本或者台式电脑，但是不能自己安装程序的学校班级，使用基于Web的编程是最好的选择。基于浏览器的编程平台，Scratch不是唯一的选择，但是它确实引起了很大的关注。和其他一些基于浏览器编程的平台一样，Scratch是一种开放式工作室App。但是在基于Web的编程平台中，闯关式App和教程更加普遍。

Kodable

在平板电脑上受学龄前儿童喜爱的Kodable也有一个Web版本，可以在Chromebook

上播放，而且跟在平板电脑上的操作一样。玩家需要把命令按照顺序排列，帮助Fuzz通关并返回原始星球。用户在Kodable这种闯关游戏风格的编程界面里解决问题，一级一级地过关，更高级的工具也随之出现。Web版本可以与Kodable学校账号相匹配，学生们可以在上学期间通过Web访问，内容和在家用平板电脑访问时一样。

CodeMonkey

CodeMonkey（代码猴子）也是一个基于Web的闯关式App，其重点在于让小学生使用文本形式的代码。在可视化编程占主流的市场上，CodeMonkey把简单的文本代码放在了学生面前。在挑战中，玩家帮助一只猴子通过一个简单的迷宫。若要猴子向前移动15步，则输入“step 15”（走15步），如果要猴子向右转，则输入“turn right”（向右转）。

即使是基于文本的编程，CodeMonkey也能帮助输入有困难的学生。每个通用的命令“Step”（前进），“Turn”（转弯），“Left”（左转），“Right”（右转），屏幕上都有对应的按钮，按下按钮，就能将相关命令输入程序。与ScrachJr采用的屏幕上的格子不一样，CodeMonkey在界面上设计了一把尺子，点击一下，就能测量接下来点击的两个点的距离。所以测量猴子和香蕉的距离，可以先点击尺子，然后点击猴子，最后是香蕉。尺子显示距离的数值，如20，用户就输入“step 20”。

CodeMonkey支持与班级档案相关的班级管理和家庭游戏。教室仪表盘可以控制学生能玩的等级。订阅用户可以使用挑战编辑器创建自己的等级，有这样的功能，CodeMonkey作为一个闯关式App，就同时具有了与开放式工作室App风格的交互。

CodeCombat

CodeCombat（代码格斗）是一款闯关式的冒险游戏编程平台。当他们的骑士、巫师和盗贼在游戏里面移动时，需要用户输入Python或者Javascript的命令，借此学习这些编程语言的语法。这种基于Web编程环境以一种有趣且引人入胜的方式，让孩子对于语法和文本编程有很好的兴趣。

这种冒险游戏不激烈，但是也有战斗、损失和死亡。这种闯关式的平台不会为课程设计创造机会，但可以作为一个编程选择时间非常好的选择。它为那些想体验一下文本编程的学生降低了入门的门槛，鼓励他们进入Javascript的语法世界。

Tynker

Tynker是一个基于Web的一体化编程平台，有各种集成的指令组件。Web版本与Scratch很类似，而且有更多的用户支持机制，既有完整的课程教程，也有屏幕上的实时帮助。

即使使用免费版本的Tynker，教师也可以给学生注册账号并发送教程。学生可以把他们的工作成果分享到班级作品展示中。跟着教程学习时，屏幕上会出现指令。这种形式的阅读，学生们需要先读懂屏幕上的信息，然后才能知道他们下一步需要做什么。

学生完成一些教程的学习后，就可以制作自己的动画演示了。三年级的学生完成教程的学习挑战后，最终可以成功制作属于自己的动画项目。在这些课程中做得最好的，却是那些一开始对科技很没有信心的学生。之前有过Scratch经验的学生在学习教程的时候却会遇到问题，因为他们不习惯去读指示。Tynker中的教程限制了工具的使用，除非指令调用了该工具。熟悉科技的学生时不时会表达出失望的感觉。

该平台的优势在于教师和学生可以在任何浏览器中访问他们的工作能力，甚至可以关联App中的档案。Tynker提供的指导、连接和分享这三部分组成的生态系统，正是教师和学生在有条理、系统化地学习编程时所需要的。

第七章 学习机器人

三个维度的课程设计

通过玩机器人来教孩子的想法似乎听起来既有点让人惊讶，又有点好笑。觉得好玩或者奇怪是因为真的很难想象玩机器人就能学到东西。注：本章不会涉及让C3PO①给学生上课。

通过编程机器人以团队项目的形式学习是一种很有动感的教学方式。了解机器人所能扮演的角色可以帮助你设计既有吸引力又有意义的课程。机器人在课程中能扮演的角色取决于机器人能做什么。虽然这本书参考了几种不同的机器人，但是这些只是不断涌现的可供选择作为教育机器人的一小部分。要了解这些机器人的最新信息，一定要访问BeyondtheHourofCode.com（编辑注：因成文需要，现已无法访问）。

机器人作为指示器

从桌面到地面

好消息！（你现有的几乎所有的教程已经可以用机器人来教了）机器人课程中最重要的因素是赋予机器人所处的位置以意义。设计为在桌面上的比赛活动经过调整可以很快适应机器人的活动。很多课程只需要两步就可以从桌面课程转换为机器人课程。

1. 放大桌面活动使用的图片，并将其放在桌面上。
2. 让学生分组工作，给机器人编程，让机器人移动至与图片相匹配。

通过采用这种简单的方法，你可以把数学问题的答案放在地板上，然后让学生在解答出答案后，把机器人导航到正确的答案上。学生们也可以掷骰子，然后把机器人导航到正确的答案上。这种用机器人作为指示器表示正确答案的模式，启发了我的同事塔利（Tali）开发了幼儿园课程的一门课。课上使用了大黄蜂机器人，它有一个小小的轮子底座，按下机器人顶部的方向按钮进行编程，每次都可以移动15 cm的距离，可以在一个布满是15 cm^2格子的平面上移动。

---

① C3PO 是星球大战中的一个机器人。

这门课的目标如下。

1. 学生将掌握数学技能（按技能区分）。

2. 学生将通过小组合作培养沟通技巧。

规划这门课之前，需要了解学生已有的知识和他们的数学水平。掌握了这些信息后，你才能做出有意义的、适合每个学生实际水平的个性化教学方案。塔利有6个机器人，于是她把24个学生分成了6组。她并没有平均分配，而是把数学水平差不多的学生分为一组。能力不同的组，她会分配不同难度级别的数学问题，以满足学生们的要求。采取这样的方式可以确保学生们都参与了游戏。

分 组

这门课的核心是学生解答被分到的数学题，然后把机器人导航到正确答案的位置。塔利给每个小组分配与他们数学能力相匹配的数学题，并根据答案情况，修改了机器人在上面移动的格子的设置。

第一组有两个骰子，他们用一个标记为1 × 24的格子。虽然在活动中他们只用了1 × 12个格子，24个正方形的格子实际上留了一些余量，但是在学生们掌握了第一个活动后，教师可以方便地按照需要增加一个骰子。接下来三个组中，两个组用三个骰子，一个组用四个骰子。每个组都有编号为1 × 24的正方形格子。这个活动中，要将数字按照顺序放在格子上。若将数字随机放到格子上，既没有必要，也没有任何益处。

第五组有一个问题表格，都是两位数的加法。表格上的问题的答案都是5的倍数。答题格子填满了5的倍数的数字，包括问题的答案。

第六组使用的格子上的数字都是15的倍数，这一组的学生人数最少，他们的问题主要是三个数字的加法。

虽然每组人数不太一样，但是每组的学生都有4个积极的角色。

1. 计算器——数一下骰子上的点数，或者计算一下表格中问题的答案。工作的时候，扮演这个角色的学生会大声说出计算的过程。

2. 验算器——检查数学问题，在计算过程中提供帮助。

3. 程序员——编写和输入机器人所需要的程序，把机器人导航到正确答案的位置。

4. 调试器（Debugger）——在程序运行时，跟踪过程，发现错误，同时也要帮助程序员编程。

当塔利介绍课程时，首先详细说明每个角色所起的作用，然后一个小组，其中包括塔利，成员分角色演示了转向、角色交换、再次转向的操作。这个过程既向学生演示了各种角色转换的过程，也展示了每个角色的具体分工。与管理学生角色的轮换相比，机器人编程就显得简单多了。这些学生以前就上过有关机器人的课，所以几乎每个学生都能使用大黄蜂机器人。课程中教师给学生的直接辅导绝大部分都是关于如何与你的小组成员沟通的——如何寻求帮助，如何提供帮助，以及如何拒绝别人提供的帮助。

学生分好了角色，准备开始工作，大概12分钟后，塔利会让大家暂停，大家开始反思。她要求学生分享到目前为止“你注意到了什么”。这样就能让学生们意识到，教室里其他人有跟自己类似的体验。在反思结束的时候，负责3位数相加的那一组要求再来一页挑战的表格。

编号网格和问题表格的确需要一些准备工作。如果你有一个海报板和一台层压机，你就可以简单地制作可以重复利用的格子。使用胶带，你也可以直接在地板上或者桌面上创建网格。

这门课程是一个把机器人作为指示器的好例子。答案就在网格上，你需要对机器人编程，使机器人走向答案。这个活动有助于培养与测序相关的识字能力。除此以外，这个活动真正的学习潜力在于管理四个角色和轮换交替这些角色所需要的沟通。该课程还提供不同的模式，可以方便地应用到科技课程。这个模式只区分数学难度，虽然所述的学习目标仍然是社交能力。

机器人指示器应该如何调整，才能应用到其他学科内容上去呢?

1. 导航到一个单词中第一个和最后一个发音字母上。

2. 按顺序飞到行星上。

3. 去小区周围正确的地方购买新鲜的水果。

这种类型的课程适合学龄前儿童到一年级的学生。每个机器人可以慢慢地移动很短的距离。学生很容易就能计算出大黄蜂机器人需要走几步。每一步就是大黄蜂机器人的长度。

“机器人指示器”课程的教学模式也适用于其他机器人。年龄稍大点的学生可以成功地使用Sphero的SPRK程序控制Sphero机器人。这些又快又小的机器人需要在更多的空间运行，所以可以把答案放到房间四周。Tickle App是一个很优秀的编程平台，可以让二年级的学生在房间四周轻松驾驶Dash，并且可以用Dot录制好玩的声音。

你们学校有这样适合机器人活动的户外空间吗？在你出去玩之前，需要做好准备，并考虑以下问题。

1. 你的设备保护好了吗？（结实的外壳和屏幕保险）

2. 要用的机器人能在选好的平面上跑吗？ 水泥地面可能太光滑，或者草地上的草可能过高。你需要先出去测试一下。看起来你是在玩机器人，但是实际上你在研究学习环境。

3. 你的学生够细心周到吗？确保你计划的户外活动不会分散在同一块场地玩的其他班级的注意力。可以向他们寻求帮助照顾好机器人和设备。

如果这些问题中的任何一个问题的答案是否定的，那么可以考虑一下是否可以利用体育馆的部分场地来解决问题。

机器人作为常量

在课程中使用的机器人应该充分地发挥它的潜力。机器人能做什么？完全按照你说的去做。从教学的角度充分利用这一点，可以考虑一下在实验中让机器人作为常量。让一个机器人以50%的最大功率向前滚动两秒钟，机器人就会照做。那么它能走多远呢？这取决于机器人和它的程序之外的很多因素和程序设计。机器人之外的空间和程序设计，教师可以用来构建学习体验。

本例中的课程来自二年级。二年级的团队丹妮尔（Danielle）和黛安娜（Diana）在寻找一种新的方式教孩子力学相关的知识。他们刚刚开始调整课程的范围和顺序，以便更符合《下一代科学标准》（*Next Generation Science Standards*）。机器人可以很好地创造动手实践的学习体验。与他们的STEM辅导员梅甘（Megan）商量，二年级团队决定使用Sphero机器人引入斜面。

该课程是一个概述，围绕术语“斜面”和其含义的非常简短的介绍。课程的学习目标如下。

1. 发现和观察不同斜面的特点。

2. 描述一个斜面机的特点。

该课程让学生们轮流在不同的学习站操作。所有的活动中心设在一个宽阔的开放空间内，其中每个中心都只支持一个短任务。在有些情况下，任务是他们需要回答一个问题，或者他们需要动手做并观察的事情。在斜面这门课程里，每个站点都是不同长度和间距的斜坡或斜面。

学生两两一组，每组有一台iPad、一台Sphero机器人、一个小的白板和一条街道的区域。两个学生需要用机器人试验各种斜面。技术支持人员在Tickle中给机器人编程，设定好速度和时间。该程序限制机器人以50%的速度运行三秒钟，这样就实现了把机器人作为常数这个角色的功能。学生们需要明白，在前半节课里，不允许更改机器人的程序。

一共有四个学习站，每个学习站可以供三对学生自由地探索。有些教师可能要为每次轮换设定时间。课堂上，教师偶尔会提醒学生交换角色，并尽量去每个学习站操作一下，也可以鼓励学生用白板作为可调整的斜面，观察在陡峭的斜面上添加一个浅斜面时，能让机器人向上爬的高度改变多少。

学生们通过在四个学习站都操作过以后，就制作好了一个叙述性的照片映射。在这种情况下，他们使用App（Puppet Pals HD Director's Pass）导入机器人在斜面上的照片，并记录他们学到和所观察到的内容。视频长度不要超过1分钟，直接上传到学生的博客上，作为总结评估的依据。

二年级的“小科学家”们在探索过程中所发现的，比教师计划的或者说希望的更多。教师希望学生能够发现，更陡峭的斜面，机器人攀爬需要更多的能量。但是他们没有预料到，学生会把一个斜面放到另外一个斜面上。学生在解决的问题是“如何让机器人爬得最高”。作为斜面的简介课，这个课程非常成功，上完课后，大多数学生对于斜面都有了一个非常好的并且切合实际的理解。

机器人作为常量不是机器人教学策略中最容易调整使用的。它对于学习摩擦和观察机器人在不同平面的不同运动的低年级学生非常有用。如果你在使用像Sphero这样的防水机器人，你也可以探究一下液体的特点。这些课程的重点不是机器人，而是机器人运动所处的环境。

机器人作为演员

在教室中使用的机器人可以是一个简单的可编程的玩偶。学生们可以对机器人编程，让它移动、表演，甚至说话。当学生让机器人作为演员的时候，会让学生没有了表演的压力，会让认知任务变得更加复杂。

机器人是一个物理的代名词，代表着某一个角色。这些可编程的演员多年来一直为装配线和工厂的工作人员服务。有的机器人可以播放录制的声音，通过颜色和声音调整情绪。灵巧可爱并且善于表达的机器人非常吸引孩子的眼球。教师可以充分利用这种天然的吸引力，把机器人添加到之前的"制作短剧"的活动中。

叙事和编程都是基于顺序来完成的。学生们写一个程序，控制机器人配合叙事的顺序来表演，这对他们来说是一项非常复杂的排序任务。实际上，这项任务比仅仅让学生写出叙事或者编出程序更加复杂。学生们一起工作，给机器人编程按照叙事的顺序表演，他们就是在参与复杂学习（Complex Learning）的过程。

本章的课程几乎都是在课堂上可以马上就拿来用的，唯一缺少的是供学生复述的文字内容。课程采用了奇幻工坊的达奇和达达，用平板电脑上的Blockly App进行编程。对于还没有阅读本章内容的学生可以用Path这个应用，尽管它功能不多，但是它有更加富有想象力的游戏角色。

教师可以把这个文学课程以电影制作经验的形式呈现给学生。每三到五个学生一组，每组写一个简短的场景，然后对机器人编程，让它表演有脚本的场景，在本组成员的帮助下拍一个小短片。然后该组会把所有的场景连接成一部电影。

学习目标

1. 学生们练习复述一个故事，故事有清晰的开始、中间和结尾。
2. 学生们会按照场景脚本对机器人进行编程。
3. 学生们会以小组的形式，合作设计并完成短视频的制作。

分组工作

本课程旨在成为以单一主题或者单一作者为中心的多周单元的一部分。这些活动计划为三周，每周的课程时长为45分钟。需要注意平衡是既要给学生足够的时间来构思，做脚本、编程和摄像，又要控制时间，不能学生要多长时间就给多长时间。如果没有一个合理的时间限制，学生就无法学会如何管理时间，无法决定什么是“足够好”的程度。要多少时间就给多少时间，也不会让他们的电影变得更好——甚至可能都没有在有时间限制的情况下做得好。

学生们需要足够的时间做如下事情。

1. 写一个30秒的场景，需要有达奇详细的动作。
2. 对达奇进行编程，使其表演场景。
3. 用达奇测试一下程序。
4. 和小组成员一起合作完成场景的拍摄。
5. 如果有需要，录制画外音。
6. 编辑并导出视频。

本课程适用于三人一组，但是也可调整为合适的四人到五人一组。当团队成员增加时，确保延长相应的时间。对机器人编程并不简单，所写的课程当三个人一组完成时确实会有点吃力。有些学生可能会投入管理的角色中，然后有些人会花大部分时间拍摄，而无法写作和编程。对于有二十四个学生的班级，八个机器人就很适合。少于八个机器人时，课程需要简化难度，授课次数增加到四节课。

本课程的目的不是介绍达奇机器人，也不是教学生如何用平板电脑拍电影。这些都是基本的技能，需要他们自己花时间学会。当学生在几节课间做这种复杂的项目时，对时间和资源的管理可能都比较有挑战性。这里有些小技巧。

1. 最多给两次机会拍摄。不允许不断重复地拍摄。尽最大的努力，只再试一次，然后就开始下一个场景。
2. 让学生们直接通过电子邮件的方式分享他们的程序。
3. 奖励优秀的代码。当学生想出一个做事的好方法时，请他们分享出来，这样可以营造一种协作学习的文化氛围。
4. 对机器人编程测试设好时间限制，并做好准备帮助学生管理角色的轮换。
5. 确保在把机器人分发到学生手里之前，他们已经写好脚本和程序。
6. 学生们应该在上这样的课之前就熟悉使用的相关机器人。为本课程的成功做好准备，学生应该至少有一小时的动手时间来操作机器人和练习编程应用。
7. 本课程的形式可以经过调整，适合任何总结性的活动。学生可以用机器人达奇和达达为主角写一本书的预告片（Book Traile）[①]，或者复述任何重要的课堂学习的故事。

本课程提供了很多支持学生学习的机会。其中最好的支持是按每个人的特长分组。像这种活动的小组应该既是能力的互补，也是个性的组合。一个富有想象力的游戏要想在记忆中的故事和电影脚本之间架起桥梁，要求学生勇于创新，敢于冒险。一个协作的学习社区是教师所能够给这些正在创新并冒险的学生最好的支持。所以，教师应该尽可能地把学生分到他们自己感觉可以从中获得最大支持的小组。

在任何编程课程上，另外一个对学生重要的支持部分是入门程序。教师先编写一个程序，其中包括为了成功完成所必需的部分。需要更多帮助的学生可以下载入门程序然后在上面修改。在真实编程环境下，人们一直使用代码库，所以可以花点时间，浏览一下GitHub网站。编程比任何其他领域都更需要协作。Github和其他云代码库都是用户生成的资源。程序员使用来自库里面的代码，当他们写出可能对别人有用的源程序时，他们会发布到网上。

节奏和结构

机器人和叙事单元有几个重要的部分，所以至少需要三节课。像这么复杂的课程需要仔细的规划和灵活的安排。除了管理涉及的所有任务之外，教师所面临的最大困难就是要满足教学要求。这个课程会加强学生的能力吗？在教学过程中，他们的选择会受到保护吗？

分组工作的过程既有选择，也有妥协。每组的电影都需要有三个代表性的场景，就是电影的开始、中间和结尾。在符合这些要求的前提下，学生可以在其他方面做出自己的选择。当各小组开始计划场景时，一定要询问一下，帮助他们做出最佳的选择。

在这项任务中，学生要写出场景的脚本，然后根据场景编程。他们一起以小组的方式工作，根据课堂上所学习的文本，做一个简短的复述。小组成员第一个需要协商的是谁应该写哪一个场景（开始、中间和结尾）。一旦确定好，学生就可以开始写脚本了。通过首先确定谁来负责电影的哪个部分，并且保持不变。每个学生要

---

① http://www.darcypattison.com/marketing/book-trailers/, 访问日期：2018-08-15。

决定好在他们的场景中要包括哪些内容，然后把完成的工作交给下一个人。

这个时候还不应该分发机器人。在学生们脚本写好，第一个版本的程序编好之前，不要把机器人分发给学生。通常在第二堂课的时候分发机器人。

第一天

1. 学生把场景脚本写好，包括机器人动作的笔记。
2. 学生用Tickle App或者Blockly对全部场景编写程序。

第二天

3. 学生为拍摄准备好舞台。
4. 学生领到机器人，测试程序，调试程序。
5. 跟同伴一起拍摄机器人表演的场景。

第三天

6. 学生用Google Driver文件夹或者AirDrop在组内分享拍好的电影。
7. 学生编写配音脚本（如有需要）。
8. 小组成员一起编辑生成最终的综述性电影。

在很多方面，“机器人作为演员”是一个可以调整的角色。这里所描述的课程已经用于二年级和四年级的学生。二年级以下的学生上这门课时，需要调整一下，要以学科内容为主。这里所使用的编程平台，Tickle App和Blockly都需要学生有基本的阅读能力。当幼儿园使用本课程时，教师可以使用KIBO机器人①，它的编程界面内置在积木里面。

幼儿园的学生把木制积木拴在一起，然后用机器人上的二维码扫描器输入程序。玛丽娜·伯斯（Marina Bers）是KIBO机器人以及它的木头积木接口的设计者之一。她关于玩和学的想法可以追溯到1693年约翰·洛克（John Locke），根据记录是他首先提出了字母积木块的概念。伯斯让语法完全变成了物理性的东西，人机接口几乎没有任何抽象的概念。

---

① http://kinderlabrobotics.com/kibo/, 访问日期：2018-08-15。

幼儿园学生对机器人进行编程，来表现他们犹太人身份中重要的部分。机器人像一个闪光的蜡烛，可以跳舞，可以唱歌。当学生对机器人进行编程，做出他们正在学习的主题中的动作时，必须要慢下来，仔细地思考过程和顺序。幼儿园的学生能把一些行动，如点蜡烛，分解成一系列动作，然后编到机器人的程序中。机器人对于学习的支持，体现在为几乎所有任务作业增加一层思考并解决问题的过程中。

机器人作为创新引擎

目前为止介绍的机器人大部分都有轮子，可以在地上跑来跑去，很多还有可爱的能发光的“眼睛”。这些机器人很难说能够代表我们日常生活中的机器人。车库门开关不是很有个性，但它是一个简单的可编程的机器。机器人是可编程的机器，而且在学校里，机器人可以用来教学生设计可编程的机器。

从智能灯到温控器，我们生活的世界变得越来越可以编程控制。学生们需要做好准备，在设计这个层次上与可编程机器进行互动。教师可以看一下如下可供选择的机器人，可以让学生设计并且做出原型。

1. 模块化机器人。
2. LEGO WeDo。
3. Thymio。
4. 蜂鸟（Hummingbird）。
5. 树莓派（Rasperry PI）。

模块化机器人（http://www.modrobotics.com/, 访问日期：2018-08-15）

模块化机器人Cubelets和MOSS机器人构建系统是超能陆战队①中很棒的NAO 机器人的前身。Cubelets机器人可以让四岁的孩子通过连接预编程的积木块来探索、发现、编程和制作。小小的塑料积木块就是编程界面，根本不需要连接到电脑或者平板电脑上。这些实体的积木块能够粘接在一起，连接电源，连接传感器，也可以连接蜂鸣器，或者用一个运动传感器控制灯的亮灭，用声音传感器来控制电机。当学生需要更多的功能，又要方便地携带时，他们就可以从Cubelets机器人升级到MOSS 机器人套件。

---

① 迪斯尼在2014年推出的电影，英文名字为*Big Hero 6*。

LEGO WeDo（http://wiki.scratch.mit.edu/wiki/LEGO%C2%AE_WeDo%E2%84%A2_Construction_Set，现打开网址为http://en.scratch-wiki.info/wiki/LEGO®_WeDo_Construction_Set访问日期：2018-08-15）

LEGO WeDo是一个小型电机和传感器的套件，学生可以拿来构建可编程的LEGO项目。主要控制块通过USB连接到计算机上，运行本机LEGO WeDo 程序或者Scratch 2.0。与LEGO WeDo配套的可编程平台的文本很少，学龄前儿童只要会用鼠标控制电脑，就可以使用。

Thymio（http://www.techykids.com，访问日期：2018-08-15）

Thymio是一个独立的机器人，有两个电机、20个传感器和与LEGO兼容的搭建点。该机器人有多个预编程模式，方便以探索模式学习。它通过USB连接到普通的电脑进行编程，其灵活的编程接口既可以采用可视化编程，也可以采用文本编程，并且适合学龄前儿童一直到高中低年级学生使用。

蜂鸟（http://www.hummingbirdkit.com/，访问日期：2018-08-15）

蜂鸟机器人构建系统是作为创想引擎上市的。对自己的阅读能力有信心的学生可以用套件把电机、灯、传感器和开关用硬包装纸盒以及彩色美工纸制作成精美的电子动物。传感器可以连接到Arduino型微控制器上，也可以与普通电脑连接。这个套件是用Scratch来编程的，也是一套非常好的搭项目架构的工具，可以形成单独的设计，配合Arduino在高年级使用。

树莓派（Raspberry PI，https://www.raspberrypi.org/blog/tag/education/，访问日期：2018-08-15）

树莓派是一台完整的电脑，学生可以以它为中心设计创新项目，树莓派就是接口。学生只需要一个屏幕和一个键盘，不需要其他计算机。用树莓派做设计的潜能似乎是无限的，不仅可以用于传统的编程，还可以做成一个机器人。阅读其他教师用树莓派做的工作，你会吃惊地发现一些教师能够用它来教小到一年级的学生，而且是用全文本的方式编程。

创新之路

本章作为简单的综述无法涵盖如何设计一个创新的课程，尤其是为小学生设计创新的课程。对年幼的学生来说，理想情况下的创新课程可能是结构化和项目管理这两者平衡的结果，就像唐·威特里克（Don Wettrick）在《真正的天才》[①]这本书表现出的那样，以及像沙伦·马祖克[②]在课外和夏令营项目中支持学生创新所做的工作那样。

在我同事沙伦·马祖克的课外活动项目中，学生采用“设计思维”（Design Thinking）创建反映真实需求的项目，设计中采用了Thymio机器人作为设计元素。Thymio有内置的传感器，也有连接点可以连到LEGO积木上。

课堂上就可以做到快速实现原型的工具已经存在。教师比以往任何时候都愿意为学生提供适当的工具为真实问题设计真实的解决方案。当教师把可使用的工具与学生的选择匹配好以后，学生的专注程度以及投入学习的潜力都是无与伦比的。但是如果没有适当的计划和支持，相同的工具不一定会达到预期的效果。

设计程序通过传感器收集数据以及编程电机的响应数据运行是机器人的核心。应用这种功能的设计工具，既锻炼了计算思维，又提高了解决问题的能力。

任何年龄段的学生都可以设计一个工具或者设备来解决某个问题。支持学生进行这种探索需要很好地将学生的阅读能力和编程平台匹配起来。有些工具，像LEGO WeDo和Thymio 机器人，提供了一系列编程接口，多界面可以让设计多种课程变得更加容易，这反过来又会扩大机器人有效吸引的学生的年龄范围。

你和学校选定购买的机器人有可能可以集成现有的课程。有些机器人可以游泳，有些可以画画。哪种机器人最适合你的学校呢？因为每天都有新的机器人推出，本书即使给出任何具体的建议都会很快过时。下面是回答这个问题时需要考虑的主要因素。

1. 总成本。这是机器人的费用加上机器人需要支持的设备的费用，再加上维护和修理的费用。（按照机器人在高使用率情况下30%的损毁率）

---

① *Pure Genius: Building a Culture of Innovation and Taking 20% Time to the Next Level*。

② TechyKids.com（访问日期：2018-08-15）创始人和首席执行官。

2. 计算出每个用户的成本。把总的成本除以可能使用机器人的总人数。机器人可以跨年级使用吗？把机器人存放于资源中心可以让更多不同的班级使用吗？假如三个有24名学生的班级共用一套12个Sphero机器人，总成本是3600美元（12个Sphero，共计1200美元；再加上12个安卓平板电脑，共2400美元）除以三个合并的班级学生人数72，意味着每个用户的成本是50美元。

3. 思考一下可以使用的物理空间。快速机器人比慢速机器人需要更多的空间。教室中的桌子和椅子方便移动吗？学校里的教师能够使用大的开放空间吗？考虑一下你必须占用的空间有助于你做出正确的选择，到底是用每次只能移动15 cm的慢速机器人，还是用一个涡轮驱动的能够以每小时14英里①的速度快速移动的机器人呢？

4. 控制。良好的编程接口提供的学习体验甚至超过机器人本身。教室中的机器人应该可以通过适合不同年龄段孩子的各种应用程序进行编程。Tickle App在连接教室里安装的机器人的种类多样性方面是业界领先的。Tickle可以帮助学生掌握物联网，从颜色照明到Ollie，Sphero，达奇和达达，Tickle App让学生用他们熟悉的模块编程控制身边的事物。除了支持第三方编程，教育机器人本身应该含有至少两种编程接口以及一个简单的遥控接口。其中至少一种编程App应该以图形输入为重点，类似于Sphero的画线驱动或者奇幻工坊的Path。

① 1英里≈1609.34米。

第八章

通过编程学习社交技巧

经过周密的安排，几乎任何课程都可以用来培养学生社交和管理情绪的技巧。本章我们将探究设计学习体验，这些体验通过使用编程App和机器人的高参与度工具，来帮助学生如何一起工作，一起交流。

本章的一些设想与目前的一般常识以及一些教师的传统角色背道而驰。这些教育理念会让你考虑少教学生一点，探究“欠教育”（Underinstruction）的魔力，给孩子留出更多的自由空间。如果你对你一对一的项目效果感到满意和自豪，那么你可以接受挑战，少给孩子们分发些设备，为他们创造更多的机会互相学习。即使每个学生都配有一台显示器，有策略地选择结对编程会产生深远的影响，让你更能满足社交和情感学习（SEL，Social and Emotional Learning）① 的目标。

不管是两人一组还是五人一组，合作都可以为学生创造学习社交技能的机会，并要求学生可以使用他们的社交和情感学习的技巧。编程App和机器人因为其高参与度的特点和游戏风格的设计非常受教师的欢迎，高参与度的工具可以激励教师实现高难度的学习目标。

教师一直在教的课程有两种类型，一种是课表上大家都看得见的课程，另一种是如何与他人一起学习工作的课程，后一种课会一直在上，没有下课。小学教育的乐趣之一就是能够直接以与人沟通、自我认知和社交技能为中心。

分享是困难的

在学习社交和情感技能，肢体语言是一个重要的数据来源。学生放松吗？可以从建立基准线开始。第一次给学生分发平板电脑时，观察一下他们是怎么拿走的，接下来做了什么。通常会看到学生让平板电脑离自己很近，离别人很远。因为他们认为平板电脑是自己的，并已经做好保卫这种所有权的准备。如果课程的目标是合作和团队精神，那么这种现象尽管不是那么令人喜欢，但也是非常有意义的成长基线。

---

① 社交和情感学习能力是人在一生中理解、管理和表达社会与情感方面，使得人生要做的事情，如学习，培养关系，解决日常问题，适应成长和发展的复杂需要等管理起来更加成功。它的范围包括自我认知、抑制冲动、与人协作、关心自己和关心他人。社交和情感学习就是儿童和成人为了习得社会和情感能力而培养技能，态度和价值观的过程，它被形象地称为“另外一种聪明”。摘自Maurice J. Elias，*Promoting Social and Emotional Learning*，1997。

让学生共用一台设备时，我们所设计的分享活动不仅仅限于轮流使用。学习不是玩过山车，我们没有时间让任何人等会儿再学。如果让两个学生共用一台平板电脑，我们也一定要给每个学生一个自始至终需要扮演的角色。不管课程计划的目标是什么，教师总是要做一些隐含的指导。即便我们不会单拿出一天来给学生们做性格教育，教师也需要持续地帮助学生理解善良或善良的含义。

独自使用一台设备的学生学不到多少社交技能。编程与识字、逻辑和数学有着根深蒂固的关系，但是与此不同的是，编程和与人为善并没有什么特殊的关系。幸运的是，教师可以专门构建学习的场景，完成一些社交和情感学习的目标。

结对编程，赢取胜利

教育界倾向于1对1结对编程并不是没有理由的。即使平板电脑数量可供每个学生人手一台，但是有策略地少发一点设备可以为实现社交和情感学习目标创造机会。尽管安排两个学生用一台平板电脑是有难度的，但是平板电脑尺寸还不是太小，在结对的情况下，学生也可以很出色地完成任务。结对编程不仅仅是轮换编程；当学生一起编程时，可以培养交流和解决问题的能力。

幼儿园学生引入闯关式App是一个采用结对编程、培养沟通交流技巧的很好的机会。因此，课堂上教师把目标设为解决问题和轮流交替。对于帮忙，教师们一起收集了开始沟通要用的句子：“你需要帮助吗?”“我可以帮你吗?”。他们也帮助学生学习接受帮助或者谢绝帮助：“好的，请帮帮我”和“不，我想自己试着做出来”。

我们一直在教解决问题的方法。Kodable给学生布置了一系列难度适中的小问题来解决，这为教师教授社交技能提供了一个高参与度的平台。两个学生都想解决每个问题，所以专注于合作还是有困难的。

当教师以轮流交换为教学模型时，一定要定义一个轮换持续的时间。用闯过一关所用的时间作为轮换的时间，正好是App中内置的目标。如果采用别的时间长度来定义轮换的时机，那么一边等待的学生就只会盯着表看时间了。上手编程的学生把相应的部分移动到合适的位置时，在旁边观看的同伴要在头脑中演练编程活动。

为幼儿园学生设计社交和情感学习课程详细步骤

如何以积极的方式教孩子分享？以社交和情感学习课程为例，我们会以幼儿园上半年的学生为重点。在课程的规划阶段，设立一个长远的目标。即使你在教授离线编程课程，也要使用独特的工具。充分利用那些对学生有吸引力的工具，设立真正有意义的长远的目标。

在本课程中，技术专家需要跟任课教师一起合作。正如教师们所指出来的，上半年阶段最大的挑战，就是分享和交流。团队一起设立了如下具体的教学目标。

1. 学生将学习和实践沟通策略。
2. 学生将合作解决问题。
3. 学生将练习分享和轮流交替。

设立好这些目标后，科学教师负责找到一个辅助工具来制订实施方式。在这种情况下，该工具采用了Kodable编程App，实施方式为结对编程。结对编程非常适合这些目标，因为学生会肩并肩围绕一台设备坐在一起。所以无论学生做什么，他们都需要一起解决问题，这应该是具有挑战性的。

因为这是上半年，技术教师把这门课作为引入Kodable闯关式编程App的介绍课。这些设计好的关卡很自然地就可以让学生意识到，他作为程序员编码的时间结束了，而且这些关卡有足够的难度，大多数学生需要跟同伴讨论解决方案才能获得成功。

科学课只有45分钟，学生真正工作起来可能有时间压力。可是在轮到使用平板电脑之前，他们就已经学到了课程制定的目标。这次他们学到的是沟通和解决问题。

因为讲座比较不容易教沟通这样的课题，所以建议进行角色扮演。课堂上两个教师分别扮演不同的角色，中间可以停下来向学生提问。角色扮演的目的是让学生思考如何和同伴一起工作。重点如下。

1. 向同伴寻求帮助。
2. 给同伴提供帮助。
3. 谢绝同伴的帮助。

向同伴寻求帮助

寻求帮助的时候，我们希望学生可以从中学到一些东西。他们需要知道，每个人都需要帮助，他们的同学是很好的资源，并且可以提供帮助，等教师来帮忙并不是最好的做法。我们设计了简单的沟通方法："你能帮我解决这个问题吗?"或者"如果你来解决这个问题，你会怎么做?"。这两个问题都能促进同伴开始互相学习，并帮助他们理解自己的角色。除了讨论一个人需要寻求帮助时要说的话，教师也应该帮助学生想清楚如何提供最好的帮助。如果只要一条规则来指导这些互动，那么就是：帮忙的人不能使用平板电脑。

给同伴提供帮助

结对工作可能非常具有挑战性，尤其是当学生看到他的同伴正在冥思苦想，并且需要帮助的时候。学生需要看到这一点。在角色扮演时，一定要强调先等足够长的时间再提供帮助，然后演示一下如何提供帮助。如果学生正在阅读，可以把这些提示贴到黑板上，让所有的学生都能看到。可是对于低年级的孩子，简明的沟通就显得非常重要了。提供帮助时，需要显得友好和尊敬，这主要体现在说话语调上。"你看起来可能需要帮助，我可以帮忙吗?"这句话就非常好用。当学生们对这些做法更熟悉时，会自己做些微调整。当为学生分角色扮演时，教师或许可以谈一下他们的感受以及有这种感受时应该如何去做。

谢绝同伴的帮助

学习编程时，我们知道有时一定要经过多次尝试才能成功。学生需要经常分享难点并互相帮助。你可以教给学生一个非常棒的技能就是拒绝他人帮助的同时并表示感谢。当别人主动提供帮助，而你正在苦苦思考，但是尚未准备好接受帮助的时候，可以看着同伴说："谢谢你，但是我想再尝试一下"。这样说既对同伴表示了尊重，认可了价值，又把重心集中于克服困难解决问题。即便接受了帮助，上面说的规则仍然要遵守：只有轮到操作的学生才能动手使用平板电脑，其他同伴只能通过交流来提供帮助。

设计社交挑战

如果你想支持学生社交技能的培养，那么构建安全又具有挑战性的社交学习环境非常重要。科技可以是非常社会化的，但是大部分终端用户设备，如平板电脑或者笔记本，都是为单人使用优化设计的，像平板电脑只有一张纸那么大，是打开的课本一半大。这些设备并不是为共享而设计的，而这正是它适合教授沟通和分享的原因。教师需要设计教学模式辅助学生在设备上合作，而这些模式既要支持学科内容的学习，也要支持社交技能的学习。

学习工作站

在平板电脑不能人手一台时，学习工作站充分利用了混合的学习策略和学生的自主选择，支持既投入又独立的工作。学习工作站可以组织为全班的活动，也可以随时访问，谁作业完成得早，谁就可以过来玩。

全班学习中心小窍门

管理全班学习中心的秘诀是制造缺乏。即便有条件发给每人一台平板电脑，也要只为满足各个活跃角色的需求放置数量刚刚好的设备。

1. 不需要等待。教室不是主题公园，学习不需要等待。确保组里的每个角色都处于活跃的状态。

2. 制订清晰的轮换规则。教室里所有学生都能很方便地知道什么时候需要轮换角色。

3. 演示轮换的管理方法。当首次引入分组和工作站的组织方法时，分角色扮演轮换的过程。学生需要看到过程是如何进行的。

4. 不一定每个工作站都有科技的元素，但是每个工作站都要有足够的积极的角色。

5. 不同的工作站使用不同的技术。平板电脑在一个站或许只是数据收集和反馈的工具，在其他的站可能是机器人编程完成挑战需要的工具。

6. 尽可能地提供选择。如果你有6个小组，那就设立8个工作站，让学生只能玩6个工作站。这要求他们必须做出选择，清楚地意识到其他组的存在。

7. 如果你要教授社交技能和沟通，那么不要在设计课程的时候，这样可以避免发生冲突。选择的机会或许让事情变得复杂，但请思考一下，每次轻微冲突都是一个让学生实践课程主题中练习沟通技巧的好机会。

8. 每个学生并不需要玩所有的工作站。考虑对每个工作站都设定一个或两个轮换的时间，记录哪一个组完成了哪一个工作站。

选择时刻与难度卡

机器人和平板电脑是在选择时吸引人的“诱饵”，学生要用额外的时间使用这些工具：他们就是想玩。教师可以充分利用这种参与，通过难度卡来对游戏进行合理的限制。教师可能会说机器人可以玩，但是只有那些接受挑战的同学可以玩。每种难度卡会有一个简单的（或者复杂的）借助机器人完成的挑战和相关的要求。其中一项要求是规定三个人的团队一起玩。也许其他的挑战只需要两个人，但是挑战越诱人，需要的团队人数就越多。

难度卡只是写在卡片上的一些简单的目标和挑战。学生可以抽一张卡片，组建一个团队，获得设备就可以开始挑战。难度卡上可以有什么内容呢？

1. 设计一个机器人可以拉动的双轮车。

2. 编一个故事，可以让两个机器人表演。

3. 机器人比武！为两个机器人设计比武装备，并对其进行编程。

4. 爬“山”，建造一座“大山”，让机器人可以爬上去。

5. 解说舞会，为跳舞机器人编程。

具体的活动不是重点，互动要足够丰富才是，因此小组成员需要就此达成一致意见。也需要有不用机器人就能做的活动，避免需要等待操作机器人，所以每个人都要时刻关注现在轮到谁了。

第九章 编程学习阅读

阅读是教育至关重要的任务。学生越早对阅读产生兴趣，越早感觉到读书的成就感，在学校里的表现就越好。要设计一个富含文字的编程课，可以从已经在班上教的课程开始。不要把已经做好的课程计划和设计扔到一边，而是要问自己这样一个问题："如果我把这个活动从纸上转移到编程环境中，会怎么样呢？"字梯（Word Ladders）①这个游戏很好，可以帮助学生理解单词和发音是如何相关联的，并且也可以帮助学生练习拼写。但是，如何把一张字梯工作簿转换为数字学习课程呢？

在像ScratchJr这样的开放式工作室App中，只要几个步骤就能制作出一个简单的拼写游戏。我们先易后难，让学生拼写一个常见的单词。在学习了把一个单词设计成一个程序后，我们再逐步介绍如何构建字梯程序。

为编码学习做好准备

在让学生借助编程学习之前，首先他们要学会使用一种编程App。在使用开放式工作室App开始内容丰富的课程之前，可以先借助闯关式App让学生了解他们可以在编程应用程序中执行哪些操作。当使用编程学习的时候，要解决的核心问题应该是我们希望学生学习的学科内容，而不是编程平台。如果学生发现平台太难或者比较分散注意力，那么最好就用那些打印的教学工作簿（Blackline Master）②和投影仪。数字课程设计要像挂着的投影仪一样可靠，而且要比涂改液更加简单，这就是课程设计的目标。

使用诸如Hopscotch或者ScratchJr这样的编程环境制作内容丰富的课程，需要学生在学习内容的同时，也要理解顺序发生的事件和相对应的语法。当然我们这里说的是一门内置于App的课，而不是与App平行的课。③

---

① 字梯是由刘易斯·卡罗尔（Lewis Carroll）发明的一种单词游戏。玩法是给出一个起始词和结束词，然后玩的人需要从起始词开始，改变一个字母变成另外一个词，直到得到结束词。比如，从起始词COLD 到结束词WARM，其中的一个解法是：COLD→CORD→CARD→WARD→WARM。

② 教学工作簿是辅助教学用的打印在A4纸上的材料，有练习和指导信息，可以指导学生的课上活动，通常每个学生一份。

③ 内置于App中的课是指课程本身就在App里面，App就是为整个课程开发的，而跟App平行的课是指一门课需要借助于另外一个独立的App来完成。

阅读数字课程设计基础

随着越来越多的平板电脑进入课堂，教师们越来越需要从事数字课程设计。一些教师拥有数十年创建模拟以及纸质学习活动的经验。很多教师花了数年的时间学习Word或者Adobe Pagemaker各种格式排版的功能。现在迎来了新的挑战，与机遇相结合。平板电脑设计的课程比修改桌面排版软件的导出格式更加复杂。

平板电脑比纸张互动性更强，困难之处在于为这台强大的机器找到最适合教学的工具。学生在有了个人数字助手的情况下，教师可以要求他们做什么呢？为设备设计课程要求教师对如何教以及教什么做出同样的深思熟虑，但是如何教变得比过去更加复杂。如何创建工作和分享工作呢？如果每一个学生都可以使用相机，那么会产生什么类型的学习机会呢？

学生和教师需要在编程中提高对编程的认识，就像在职培训，工作内容教给你很多如何做事的知识。但是在你接受了学习体验可以围绕着编程活动开展这样的理念，你将如何规划这一课程呢？

高参与度的平台需要高价值的目标

学生非常期待在平板电脑和机器人上进行编程，教师可以充分利用这一点，把高难度的学习目标和高参与度的编程工具以及机器人匹配起来。所以从设定最高的目标开始，为新的学习媒介制作课程创造了很多创新的机会。什么是最重要的课程？你最支持哪一课程？选好了目标，就可以安排活动，并实现目标。

识字为先课程设计

当你给学生分发印有学习资料的讲义时，你将如何给他们指导？如果你可以录下音频资料，会带来什么变化吗？在流程的每个阶段，都要思考一下编程平台的特点。在ScratchJr中，有一个声音录制功能，所以你可以设置一个按钮，在按下时播放一段录好的音频，当作指导或提示。

当你设计一堂识字课时，仔细考虑一下学生能在多大程度上阅读文字型提示，然后试着在课上不要对这些文字提示做任何解释。我们一直在训练的最有用的技能之一就是学生要如何读懂屏幕上的内容。在设计课程时，考虑一下如何通过屏幕交流信息。比如，可以加标签，或者添加角色，在漫画式的泡泡里面说话等。花点时间研究一下The Foos，Tynker，Kodable，并查看一下这些App如何提供帮助和编程的窍门。你的读者越有信心，你越应该在课程中加入更多的书面说明和支持。

在完成嵌入式的操作指南后，不要在课堂上大声解释。教学生阅读就需要我们创造情境，让阅读成为一种富有成果的互动。如果学生不明白要做什么，然后问教师时，教师可以直接把答案告诉他，或者帮助他调整所用的解决问题的策略和方法。在这种情况下，引导学生阅读操作指南，要求学生应用你正在力图要培养的技能。

直接演示是指导学生最好的方法吗？可以用如Reflector或者Screen Chomp这样的程序，录制平板电脑的屏幕，提供配音，并演示技能或者活动。在上课时，确保学生可以访问链接，以便他们在需要时可以再次观看。可以尝试播放电影而不是现场示范，看看学生能否接受。

差异化

差异化教学也是完全可以体现在平板电脑教学活动中的，只是需要掌握学生当前的阅读能力。如果你很幸运有另外一位教师可以在项目里一起合作，一定要确保两个人都能了解每个学生需要什么样的帮助。如果课前无法获得此信息（有时会发生这种情况），你们可以设计一个有不同选择、不同难度的教学活动。

差异化的教学目标是为每个学生的学习提供适合他自己情况的挑战。这意味着需要为一些学生引入更多的引导性的框架，为其他学生设计难度更高的挑战。

在编程教学中，给学生的程序起始框架有多种模式。第一种模式是良好的示例代码。示例代码是一段能正常运行的代码，并可以满足难题的基本要求。如果你要求学生排列字母并拼一个单词，你可以给他们排第一个字母的代码作为参考。源代码在职业编程里面也在使用，实际上有很多功能代码的在线库，程序员不论要做什么，都可以找到参考代码作为开始的基础。源代码与给学生的答案不一样。如果你给他们太多，很多学生就会等着你给他们答案。所以如果学生编程遇到困难了，给他们排列一个字符的完整代码，并解释一下代码是怎么工作的。然后单击另一个字母，问学生代码是如何开始的。

差异化无论向哪个方向发展都需要人为元素参与其中。如上所述，示例代码就是一种辅助资源，当有人可以给学生领读一下代码，这种资源就非常积极有效。最好的情况是提供帮助的人能够明白如何避免过度提供帮助。教师总是要在帮学生顺利完成手头任务和帮助他们实现终身成功之间取得平衡。我相信教师一定要帮助学生实现自主探索和发现，有时候这意味着不要帮他们回答他们自己可以解决的问题。关键在于为学生提供足够的信息，鼓励他们思考，然后提出需要他们编码问题。

开放式挑战，差异化的最高端

无论通过什么媒介，一堂精心设计的课程总是会让每个学生欣然接受，并且具有大量的内在挑战的课。虽然我们可以为在阅读和排序方面需要帮助的学生做好计划，但是对那些有能力快速成功完成课程的学生做计划相对来说，这可能是一个更大的挑战。有些学生会迫不及待地想要参加你的课程，真正投入各项活动中，可是当完成了所分配的任务后，他们的第一个问题就是："下一步需要做什么？"

使用开放式工作室App，如ScratchJr，设计以编程为中心的识字阅读课，优点之一是学生也可以参与设计活动。请注意下面课程中的扩展活动。当我设计一个活动时，我总是计划两到三个扩展活动，这样可以保证行动最快的孩子能够继续投入，接受挑战。这些活动可以分为以下类型。

1. 使用更高级的编程方法重复主要的活动。
2. 设计一种新的活动。
3. 跟同学分享你的创作并与他们一起玩。

评　估

闯关式App，如Kodable，The Foos，以及玩家端的Tynker App，有两个优点：嵌入的验证工具和吸引人参与其中的工具。验证工具在每关结束时会给学生提供实时的反馈，如果他们想拿更高的分数，可以再重复玩一次。课程结束后，教师可以查看App或者登录到教师仪表盘Web主界面，查看每个学生的表现，以及他们游戏的进度情况。吸引人参与的工具包括虚拟币、星星、愉快的声音和The Foos中庆祝的舞蹈。这些就像啦啦队，让他们一直保持对解决App中提出的挑战感兴趣。

虽然在开放式工作室App中不是没有办法实现这些效果，但是整个过程很费时间，最终的结果也不一定很有效。所以在设计数字学习体验课时，不要有所顾虑，完全可以借用传统的评估方法，只是要为适应数字体验课程做出必要的修改。最重要的是考虑你的学习目标，确保评估真正的帮你判断学生有没有达到预定的目标。

使用平板电脑收集和分享数据。学生用平板电脑时可以截屏吗？大多数设备都有截屏键，有的是同时按下两个按键。部分一年级的学生和大部分二年级的学生都能很容易地掌握这个操作。截好屏以后，可以发Email给教师或者发到班级博客上，也可以提交到共享的Google Drive文件夹里面。除此以外，学生也可以添加另外一个层面的信息，如介绍所截取的图片“Code Talk”。可以把这个活动看作是使用如iMovie，Puppet Pals Director’s Pass，Fotobabble，Explain Everything，或者其他任何一种视频演示制作工具、制作编程过程的记录。制作了短视频（限制在1分钟以内）后，可以发布到Google Drive 或者发送电子邮件到班级博客上。

评估可以以小组的形式，在课程要结束时，做一下分享和反思，甚至也可以在课间简单地讨论一下“你学到了什么?”。让学生把设备正面朝下盖上，然后让其中几个学生分享一下目前为止学到的内容。组织分享与仔细观察他们工作时的情形可以说是非常好的组合。依靠现场观察作评估比较困难，因为通常你要评估一个学生时，其他学生会要求你去帮忙，也可以让他们把学到的东西发布到班级博客上。

使用限制访问功能

到目前为止，我们已经讨论了教师可以在开放式工作室App，如ScratchJr，添加什么内容，可以为学生的使用创造更多条件。我们已经提到了操作指南和帮助按钮，以及导出工作来进行评估。在设计学习体验时，为了让课程更有目的性，可以删除开放式工作室App中的一些元素。通过使用平板电脑的限制访问功能，你可以定义或者禁用部分功能。这种限制对年龄最小的学生很重要，简单地让Home键失效，让孩子一直在App中。

在ScratchJr中，有一些有用的按钮可以禁用。

1. 左上方屏幕上的Home键。

2. 最上方的背景按键。

3. 左边框中添加角色按键。

4. 右边框中添加场景按键。

同时，在给学生指示的时候，要让他们明白，不需要编辑角色或者给角色涂颜色。有很多简单的方法可以进入编辑角色模式，关闭上面所有的按键。

要关闭的区域中最重要的是中心区。如果要让学生通过编程将字母排序，一定确保他们不能通过关闭中心区来点击和拖拽字母。若想让学生做有挑战的事情，不要告诉他们容易实现的方法。以移动屏幕上的字母为例，你仍然可以实现认字阅读的目标，但是排序和编程这些挑战就可能放在后面了。我们想要的是一种螺旋式的强化技能实践，既能在编程中排序，也能在拼读中排序。

一步一步——如何在ScratchJr中打造你的第一堂课

本教程的目的是为使用ScratchJr给幼儿园小朋友或者一年级的小学生制作教程给出一个清晰的过程指导。与所有的教程一样，如果你的设备有不同的按键或选项，一定要关注正在做的事情（不要因为选项太多而分心），访问YouTube或者App开发者网站来研究如何实现具体的细节。

本课程的教学目标是让学生使用编程来拼写出四个字母的常见字，设计的操作方式为单人完成，但是可以在修改后供学生结对编程使用。如果你的设备有ScratchJr，请按照教程试着创建你自己的课程。这个教程的目标可以设定为能够熟悉整个编程接口。既然我们已经确定了一个学习目标，现在就可以开始往程序中添加一些元素。一般来说，元素是不动的背景图片或是可以移动的角色。背景图片和角色都可以在App中通过程序来控制。

在本课中，我们会添加一个背景，上面有一条直线，还要添加四个角色，每个角色对应一个字母。

1. 打开网格。

打开App然后选择创建新项目，打开网格按钮，其位置靠近主控区域左边的全屏按钮。网格会帮你把程序中的元素对齐，这样让字母直接沿着线排列。告诉学生将字母沿线排列，这很重要，因为如果学生排列不好的话，可能会打乱一堂课正常的上课顺序。

2. 创建目标线作为背景图片。

按下位于主控区左上方，看起来像一道风景的背景按钮。在尚未选择任何背景的情况下，按下右上角的画笔按钮。通过点击屏幕底部的颜色，为线条选择一种颜色。参照网格，从主控区底部向上画一条线，直到第二条格线。如果你对画出来的线不满意，可以点击左上方的撤销按钮擦掉，然后重试。线宽可以由屏幕上的设置来调整。当你对所有线条都满意后，点击右上角的对号按钮。

3. 创建角色。

在为单词创建四个角色之前，我们需要删掉猫的角色。点击并按住猫角色，直到它开始抖动，然后点击白色的为“×”图标删除角色。

点击主控区左边列上的加号标志，创建新的角色。尚未选择屏幕上任何角色之前，点击一下右上方的画笔按钮。在一个2×2的网格中绘制字母。请尽量保持字母大小一致，避免稍后学生在编程时的对齐问题。一定要小心地按照学校教学生的手写方法来描写字母。完成一个字母后，按下右上方的对号。

本课中，我们会用常见字词“LOVE”，按照顺序设计制作四个字母，从左到右依次排列。虽然字母的顺序在主控区可以打乱，但是在左手边的竖列里，字母仍然是原来排好的顺序。这对学生是一个非常有帮助的语境支持。

4. 给第一个字母写程序。

在制作完字母角色，画好背景上的横线以后，请把所有的字母移动到屏幕顶端。你可以把所有的字母放在同一条线上，这样可以让编程更简单一些。现在你可以开始写示例代码，发送给学生作为参考，方便他们完成其余的代码。

点击左边竖列里面的“L”字母并选中它。确保激活网格按钮，这将显示出你正在使用哪一个格子块，方便定位。假如“L”在（3，13）这个坐标点处，先列出x轴，如果线定位在距离底部3个单位距离处（3，03），那么“L”需要下移10个单位距离。

从黄色菜单中，选择带有绿色旗子的黄色块。把此块拖曳到屏幕下方的编程区域。

按下蓝色的菜单按钮，从移动菜单中选择向下的箭头。将它连接到有绿旗的黄色块。点击箭头下面的数字，将其改成10。

当你按下屏幕上方的绿旗时，“L”这个字母应该就能落到正确的位置了。

5. 把文件传给学生。

文件编辑好以后，下一步需要传给学生。点击屏幕最右上角的黄色框。给你的项目命名，然后点击“share by e-mail”。这时会弹出一个简单的数学问题让你回答，证明这个行为是受大人监护的。把文件直接发送邮件到学生的设备。

在每台设备上，打开Email，然后下载文件。完成下载以后，按下“Open In”按钮，选择 ScratchJr App。文件就会在App中打开，学生就可以开始他们的工作了。

6. 设置功能访问限制。

在每台机器上都三次点击Home键，激活功能限制模式，确认关闭屏幕上想要关闭的部分。第一次设置“Guided Access”时，每台设备会花几分钟时间。但是以后打开时，就会显示上次使用的设置。如果只是为在ScratchJr编程课中使用，调配起来会更快速。

7. 录制演示视频。

使用屏幕录制程序，录制一个短视频，说明如何给字母编程，把它移动到线上。视频中要包含把格线按钮打开，方便学生数一下字母需要移动多少距离。当说到移动字母时，强调一下数学知识，问学生问题：“如果从13开始，到3结束，那么要移动多少距离?”“13和3之间有什么区别?”在课程一开始就给学生演示这段视频，并给学生留下一份副本，以便他们需要时再次查看。

ScratchJr K-2①的识字课程地图

下面这些课程在识字任务的复杂度和编程难度上，都是逐步提高的。整个学年这样的课只有一两次，但是显然，复杂度是循序渐进的。

表9-1 在ScratchJr，范围和序列中的识字

年级	课程描述	识字学习目标
幼儿园	匹配字母和动物	初步的发音意识
幼儿园/一年级	单个常用词和名字	拼写常用单词

① K-2是指从幼儿园到小学二年级。

续表

年级	课程描述	识字学习目标
一年级	常用单词家族	拼写常用单词
一年级	字梯	理解词和词之间的关系
一年级/二年级	单词到简单有标点的句子	语法
二年级	形成对话	写出对话

匹配字母和动物

在本幼儿园课程中，有动物和相对应角色的首字母。比如，鱼（Fish）和猫（Cat），以及首字母“F”和“C”。学生可以编程，让动物走向正确的字母。

本课程可以通过添加更多的字母和动物，或者添加包含动物名字结束声音来扩展读写能力。

通过添加黄色的“角色触摸”事件触发器来代替绿色旗，可以将本课程进一步扩展到编程中。图标是两个角色面对面握手。允许学生可以编写一个程序，让一个角色碰到另外一个角色时激活。当动物碰到相应的字母，这是由编程来让动物跳舞的理想触发器。

单个常用单词和名字

上面一步一步地详细介绍了幼儿园级别的课程。你可以在单个常见词课程上添加更多的场景形成更多层次。添加一个场景，可以通过按下右侧竖列的加号，这样就添加了背景。确保为每个背景添加一条线。不同的级别可以用班上同学的名字来设计。这对结对编程活动也同样适用。

常用单词家族

为一年级设计合适的活动时，在单个常用单词课程基础之上，你可以拿一组相关的常用单词（the，they，there，then），为每一个字母（e，e，h，n，r，t，y）

制作一个角色。学生们一定要从这些杂乱的字母中识别出一个词，然后编程把字母移动到一条线上。这就是经典的猜词游戏，但额外增加了排序的要求。

本课程可以通过在更多场景里添加更多的相关单词来扩展，形成多层次的体验。本课程还可以通过字梯来扩展成更加复杂的编程。其中一个扩展是让学生制作自己的关卡，然后互相分享。学生可以互相玩彼此的程序。

制作自己的关卡这样的程序要求学生查看一组常见的单词，分解成字母，然后重新组装。通过这个课程你可以马上看到单词墙带来的好处。在活动中，我会让学生分成两人一组，促使产生有丰富内容的谈话，讨论应该选择哪一个字母家族，这需要学生仔细分析整个单词家族。令人震惊的是，在大多数时间里，学生会认为他们主要关注的是编程平台的机制或者编程平台的显示，而不是乏味地研究单词。

说实话，这个活动在桌面上用一些字母卡片玩也会很棒。关于拼写的交流也同样有意义。这是一堂使用技术的优秀课程的显著标志：使用技术的好想法，即技术支持缺失的时候，仍然可以有方法来玩。增加编程的环节后，我们就可以利用排序以及编程中逻辑培养的优势。

字　梯

字梯游戏是从一个单词开始，在一次只能改动一个字母的情况下，看看能推导出多少种不同的单词。前面的课程已经为这个活动打好了基础，因为本课的难点是编程。为了保证字梯游戏的顺利进行，学生需要使用橙色的等待模块。

橙色的等待模块有个秒表图标。在编程中，等待模块用来控制事件的顺序。在模块上放的数字越大，等待的时间就越长。在字梯游戏中，学生可以从单词“There”开始，要想第二个单词是“Here”，就要为每一个字符添加等待，除了字母“T”。给“T”添加代码，让它离开背景线，“Here”就会停留在界面上。

如果学生这样一步一步地学习操作，他们实际上可以创建出很多很棒的单词和动作序列。

从单词到有标点的简单句子

在单个常见单词课基础上改进一下就做成了这个适用于一年级、二年级的课程。学生编程让单词按照正确的顺序组成句子。该课程的学习重点是语法，这在内容和编程活动上都得到了很好的支持。句子可以是“The red cat danced”（红色的猫跳舞）。将课程进一步扩展的话就是要求学生真正让一只“红色的猫”通过编程来跳舞。

构建对话

本课程不是建立在简单的常见词的模型上，而是让学生根据他们正在学习的内容，制作一个简短的动画。“写一个关于××的对话”是一种几十年来比较成功的作业形式，在此基础之上，这个编程课要求学生在ScratchJr上创建动画形式的对话。

这堂课的编程难点在于消息对话的使用。黄色的事件模块中功能最强大的消息模块，可以让你在一个程序的结尾放置一个触发器。在对话中，这个工具非常好用，因为如果用等待模块的话，编程就变得非常复杂。学生可以写一个程序，一个角色问一个问题，然后程序给另外一个角色发送一条消息，触发它回答这个问题。

学生可以通过使用语音泡泡（紫色）或者用实时录制模块（绿色）来使角色说话。

第十章 小学阶段STEM编程学习

小学教育阶段中的STEM是一个让孩子把各种东西混合在一起，弄得一团糟，通过动手了解世界的好方法。STEM表示科学、技术、工程和数学，联系上下文，它表示从幼儿园到五年级这个阶段，用整合动手实践的方式学习科学的教学方法。编程可以通过很多方法支持学生学习STEM，甚至可以让学习看得见，并且可以共享。

设计良好的STEM课程一定包含着一些元素供学生探索发现。在大多数情况下，探索的喜悦会出现在学生的脸上。小学阶段的编程单元虽然可能有数百种方法成为STEM课中的一部分，这一章我们主要讨论如何把机器人作为试验工具，学生如何使用编程设计交互式的模型以及展示科学系统。

以探索为基础的学习

本书前面章节中我们讨论了机器人课程设计和机器人在课程中所扮演的各种角色。对于小学阶段STEM的学习，最有用的工具是把机器人作为物理常量（Robot-As-Constant）。本课程类型的其中一个示例中，二年级学生用Sphero机器人，通过Tickle App编程，探索和学习斜面的各种特点。

教室里准备了7个不同的斜面，分别有不同的角度和长度。每组学生都会领到一台Sphero，其中的程序设定为以一半的速度（功率）向前滚动5秒。一开始学生还不能修改程序。课程不是以介绍斜面开始的，而是从介绍常量和两件事情如何通过常量做比较开始的。当学生理解了试验中机器人就是常量，教师就让他们自由探索所选择的斜面。

课堂上学生们会自主选择从哪个学习站开始，甚至自己决定什么时候从一个站移动到下一个站。这样的做法之所以有效，是因为每个站都可以容纳许多机器人，而且站与站之间没有太大的区别。所有的学习站都一样吸引人，都很好玩。每组学生都有一个可以用作斜面的小白板。总体来看，房间里斜面要比机器人多，不会出现学生站在一边拿着机器人等待别人让出一个斜面的情况。

经过大约10分钟的探索，机器人就停下了，学生需要报告他们学到了斜面的哪些知识。学生在说的时候，教师要在黑板上做笔记和画图表。预先对斜面并没有介绍，而是在课程的中间，由学生们分享他们所观察到的现象，最后经教师收集和整理这些观察结果，并解释这些有关斜面的观察结果。

本课程几乎没有用到编程。实际上前面所述的课程只有教师在编程，二年级学生只是在使用教师编好程序的工具。在分享完发现后，如果学生愿意，他们可以修改Sphero程序，如有的同学真的愿意并且修改了，其他学生则继续探索不同的斜面。

如果扩展该课程到包括机器人编程，记录观察结果，然后修改机器人程序，那么让学生编程就成了功能上的需求。随着学生对编程平台越来越熟悉，可以要求学生在平台上做更多的事情。

交互动画的力量

编程是一项变革型的教育工具，因为它允许教师和学生可以通过以前从来没有过的方式进行交流。例如，在编程学习之前，如果学生需要描述系统的工作机理，比如，为什么会发生日食，那么他们很难做到展示每个系统中的多个元素，描述和演示这些部分是如何互相关联的。有了开放式工作室平台，如Scratch，Tynker和ScratchJr，所有年龄段的学生都可以编写一个系统动画模型来展示和演绎他们自己的理解。

当五年级学生学习日食时，可以用Hopscotch或者其他开放式工作室平台编程，实现太阳、月亮和地球之间的公转作为简单的辅助活动。当学生观察自己的模型时，应该可以意识到多长时间会形成一次日食。他们能预测下一次日食会发生在什么时候吗？制作模型时，让他们互相分享。在学生分享了自己的模型并观察了其他同学的模型后，他们通常会返回到自己的模型，做一下修改，融入他们新的想法。

当学生在一起学习时，他们就是在和同学一起形成自己的理解。这可以让学生在探索和学习的同时，仍然对概念有正确的理解。学生在编程平台上构建的模型只要足够支持一个创意的沟通就足够了。一年级的学生可以编程实现珊瑚礁的模拟。虽然做出来的珊瑚礁看起来不像真的，但是他们在完成项目的过程中，形成了自己真正的理解。

构建我们自己的理解

LEGO WeDo 套件提供了一个以构建为学习体验核心的科学课程。通过搭建一个游乐园和一个建筑工地，学生可以探究基本的物理知识。这种编程和构建视觉化的应用，把STEM中的“T”（Technology，科技）和“E”（Engineering，工程）置于首要位置。LEGO课程包已经发展得很成熟，包含了供教师使用的课程实施和规划的说明。

与任何打包的课程一样，想要借助LEGO WeDo来实施STEM的教师，应该仔细研究所提供的课程，思考其中的活动如何支持当前年级学生的学习目标。用LEGO辅助教学在材料准备上有些困难：从LEGO网站购买材料很简单，但是下单之前，确定那些真正所需要的积木是十分需要注意的。

游乐园和建筑工地这类项目的优点是每个项目都有多个组成部分。分成小组的学生可以分开搭建这些组件，然后一起探索如何合并。LEGO 项目是一种以体验为主，以创意为辅的课程模型。教师需要做的是竭尽全力让所有参与的同学都能感受到搭建过程的意义。

像STEM市场中很多产品一样，教师需要评估所选的工具能带给学生访问的体验。教师关注的重点是设计一种学习体验，不仅是给学生提供材料和一系列指导。我们玩LEGO和机器人是假装在学习，还是预先设立了一个目标，致力于达成这个目标，并评估目标是否真正实现了。

允许学生去玩

我们可以让学生在玩中学习非常重要的课程。充分理解掌握工具的教师可以借助它们构建非常重要的课程，所有学生都可以使用连接的玩具和学习工具来编程，以加深对STEM课程的理解。当教师细心地构建场景，玩就变成了探索和发现。让机器人在每个斜面上都运行一下，学生会发现机器人在哪个斜面上会跑得最远和跑得最快。当在团队中分享这些观察结果的时候，整个团队的成员就了解了这些知识。当我们指导学生通过探索来学习时，我们就是在教他们学习和探索周围的世界。

Sphero机器人的任务核心就是基于探索的学习，所以他们的课程能很好地集成到STEM科技教学中也就不足为奇了。针对幼儿园到5年级的学生群体，Sphero有一些核心课程以及STEM挑战，可以通过修改适用于年龄较小的学生。大部分活动是为四年级和五年级的学生设计的，但是有了合适的指导和辅助，也可以成功地让年龄更小的学生使用。

无论挑战是设计一艘小船让机器人推动航行，还是用小船探究速度、时间和距离的关系，这些动手的活动让学生一起收集数据，并得出结论。这些工具的游戏特点让学生一起学习时，既放松又快乐。即使课程不是很适合你的学生，时刻关注Sphero SPRK网站上的资源，可以帮你更好地把技术融合到好玩的动手实践的解决方案中去。

让学习互动性变得更好

设计过程和物理的搭建过程可以很容易地就转变为STEM课程的一部分。学生通过Makey Makey界面搭建交互的物理接口。入门级可以用香蕉制作钢琴，但是学生也可以创造自己的游戏和挑战，既有物理的元素，也有程序设计的元素。

在线有一个很棒的Makey Makey社区，乔希·伯克（Josh Burke）的书《从发明中学习——快乐指南》（*The Invent to Learn—Guide to Fun*）提供了有效详细的在课堂上使用Makey Makey 以及其他工具的指导建议。

第十一章

信息资源和快速入门创意课程

已经有大量丰富的信息资源是关于编程的，而且更多的资源每时每刻都在开发中。请把下面的这份清单当作一个关注这个领域的起点。要获取更多的资源和一些快速开始课程的截屏介绍，您可以访问BeyondtheHourofCode.com网站（编辑注：因成文需要，现已无法访问）。

信息资源

第一个你可以利用的最好的资源是教师对每个学生情况的了解。了解学生这一条不可替代，因为规划任何课程，选用任何一种教学工具，教师都要把这个可塑因素考虑进来，因为无论准备了什么，教师都得把它带入课堂，把它转换成学生们对相关主题的掌握和理解。

第二个最有价值的资源是过去的经验。苹果Ⅱ电脑于1977年推出，从那时起，教师就已经开始尝试在课堂中教计算机编程。科技现在已经变得更加具有移动性，能更加方便地应用到各种学习场景中。编程教学不再受限于计算机实验室中，学生坐在显示器面前学习。参考一下早些年教师在课堂中使用LOGO编程语言时的教学成果，他们创造了艺术、设计项目和互动游戏。数以百计的优秀的创意就在资源库里等待升级。

网站和组织

Code.org是一个致力于把计算机科学教育引入每一间教室的网站。它收集了大量的资源，几乎每一个年龄段都有结合所能想象的科技编程教育方案。基于Web的编程工具可以很好地支持本书讨论的不少课程。任何教师或者学校管理人员，在有兴趣把编程引入他们的学校或者教室时，都应该好好利用Code.org提供的资源。Code.org每年都会在很多地方举办免费的面对面专业开发工作坊，以支持更多的学校编程教育。

2005年以来，计算机科学教师协会（http://www.csta.acm.org/, 编辑注：因成文需要，现已无法访问）一直支持计算机科学教育。这里推出的资源可以帮助教师找到相关的培训和支持材料，也可以通过该网站与其他教师联系。虽然这本书的目的是推动计算机编程教育达到超越计算机科学的学习目标，然而要实现这个超越，一些最好的合作伙伴就是熟悉编程的计算机科学教师。

向优秀的人学习

薇姬·塞奇威克（Vicky Sedgwick，@VisionsbyVicky）是南加利福尼亚一所学校的一位K-8科学指导教师。她是两个推特社区的活跃成员。薇姬偶尔会在http://vsedgwick.edublogs.org/（访问日期：2018-08-15）发表博客。她总是分享很棒的新工具。她也是一位能在网上认识的很棒的教师，因为她总是很愿意回答问题或者帮助寻找资源。薇姬对本书有很大的帮助，书里面很多创意都带有她的印记。

布赖恩·布里格斯（Brian Briggs，@Bribriggs）是普卢默斯莱克学区（Plumas Lake School District）的创新和技术总监。他是在教育中使用机器人和无人机的先行者，并且发起了很多众筹活动（Kickstarter）。如果你想了解最新的产品或者技术场景，可以关注一下布赖恩的推特。

戴维·桑德斯（David Saunders，@DesignSaunders）是康涅狄格州一所学校的图书管理员和创客空间的代言人。戴维是一位创新发明家，透过其敏锐的眼睛，总能感受到参与和创新发明的热情。他做过的项目包括制作了一部电影《变大》（*Big*）[①]中莎士比亚版本的机器人佐尔塔（Zoltar）。他在修补（Tinkering）教育方面涉猎很广，尤其是用littleBits[②]和树莓派电脑帮助学生设计作品原型。如果想了解更多，请访问他的博客http://designsaunders.com/（访问日期：2018-08-15）。

珍·吉尔伯特（Jen Gilbert，@msgilbertrocks）是一位富有激情的推广通过技术和编程来学习的教师。她在Twitter，Instagram，以及博客http://www.msgilbertrocks.com/（编辑注：因成文需要，现已无法访问）上分享了自己的成果。珍经常在推特上发表很有思想深度的言论。她总是饱含热情地学习新事物，并不断地思考如何

---

① 1998年，由彭尼·马歇尔（Penny Marshall）执导，汤姆·汉克斯主演的一部奇幻喜剧电影。剧中有一个十几岁的男孩渴望长大，他对佐尔塔机器许愿，第二天早上就发现自己神奇地有了一个成年人的身体。

② http://littlebits.cc/（访问日期：2018-08-15）是一个简单易用的电子搭建平台。用户可以用来搭建各种发明，包括远程控制汽车到智能家庭设备。不同的模块靠磁力吸引，不需要焊接，不需要连线，也不需要编程就可以玩。

把它们最恰当地融入课堂教育。

格兰特·霍斯福德（Grant Hosford，@codesparkceo）是codeSpark的首席执行官和联合创始人。codeSpark是一家风险投资创业游戏公司，为年龄较小的孩子将编程融入游戏。LEGO基金会将codeSpark评定为全球30个“重新设想学习”的公司之一。教育工作者之子格兰特是一位热心倡导者，旨在推动争取让更多的女孩和少数民族参与到STEM的职业中来。

快速启动课程

这里列出的不一定是世界上最好的课程计划，但却是最方便，能够快速启动的计划。您可以尝试一下。这里概述了一种简化调整的方法。

Sphero 快速启动课程

在学生用Sphero机器人探索发现物理、微积分和时间旅行的基础知识之前，他们先要能让机器人按照他们自己的想法动起来。下面这些课程只需要非常简单的准备，就能形成一种结构性的课程，保持学生的参与兴趣。

1. 校准（Aim Is the Game）：在每个活动中，每次换人玩Sphero时，都需要学生重新与Sphero配对。这会让他们适应校准接口，而且也会让他们养成早校准和经常校准的习惯。（配对是让平板电脑通过蓝牙连接到机器人上，校准就是玩家和机器人一致定在0度方向）

2. 来来回回（From Here To There）：一个很棒的预热活动。在地板上放置一些点，让学生驱动机器人从一个点到另一个点。首先允许他们跟着机器人从A点到B点，然后返回。第二次时，要求学生站在A点，驱动机器人到B点，接着返回。驱动机器人面向操纵者走来时，是很难控制的，需要给学生多些时间练习一下。

3. 沿线行驶（I Walk the Line）：用胶带在地板上做出几条车道，让学生驱动机器人在车道里面移动，可以用Sphero Drive App，划线驱动应用程序，SPRK或者Tickle。要鼓励学生试验，看看他们从关于如何最好地控制Sphero中学到了什么。

4. 障碍课程（The Obstable Course）：在教室里设计制作一条路线，让学生编程控制Sphero通过路线从出发点到终点，但是不能碰翻路线上遍布的障碍物。

为了培养编程技能，学生应该使用SPRK，Tickle，Macrolab或者Tynker应用来引导Sphero。这个活动最好以团队的形式来开展，这样学生可以在编写代码的时候互相交流。如果代码出错了，团队成员可以返回修改代码。随着路线控制得越来越好，游戏可以设计得更具创造性和复杂性。最后，可以让学生自己设计障碍路线，并互相挑战。

5. 地掷球游戏（Bocce Ball）：喜欢玩地掷球游戏吗？把地掷球用Sphero来代替设计一个游戏，学生可以编程驱动Sphero，沿着车道滚动，在一个非常小的目标处停下来。这个活动用划线驱动App玩的时候很方便，但是SPRK，Macrolab，Tickle或者Tynker可用于为此活动编程Sphero。有的团队写代码或者让球尽可能地接近目标，或者让其他队的球尽可能地远离目标。其他教师做过类似的活动，用Sphero设计自己的保龄球游戏。这两款游戏都很有趣，可以吸引学生给机器人球编程，同时促进沟通交流和解决问题能力的培养。

ScratchJr 快速课程

ScratchJr是一直以来基于平板电脑上给学龄前儿童使用的最好的编程应用程序。只需要一两节课就能让孩子喜欢上ScratchJr编程。

1. 抓住跳舞的猫（Scratch the Dancing Cat）：学生需要知道的最重要的事情是如何开始一个程序以及如何让角色动起来，这两点都将在本课中介绍。学生面临的挑战在于为猫设计一个非常棒的舞蹈。设计制作舞蹈时，需要使用绿色旗子事件块（当点击绿色旗子时，触发程序开始运行），并结合几个蓝色的移动块使用。学生可以结对设计疯狂的舞蹈。在设计舞蹈的过程中，他们会发现许多其他命令。这是一种基于探索的学习。教师把学生置于学习体验中来创造学习的条件。当学生分享他们学到的知识时，教师和其他同学都是积极参与的观众。

2. 制作水族馆：以前面运动为主的课程为基础，水族馆课程结合使用运动补充循环模块。有两种不同类型的循环，在本课程中，学生要弄清楚如何使用这两种循环制作一个长时间运行的场景。学生将会在课程中添加角色，弄清楚如何编辑角色，给角色涂上不同的颜色。本课程是用编程来仿真简化的版本。如果学生先观看了一个水族馆，然后再编程做一个模型，这样科学课效果就会好很多。

3. 讲故事：在课堂上读一个故事，根据需要让学生复述或者扩展这个故事。

如果学生到现在为止，还没有找到录制声音程序块，请给他们提示。让他们录制自己的声音，为屏幕上表演的角色配音。

4. 说“茄子”：让学生使用角色编辑功能和摄像头功能导入自己的程序。学生可以通过使用摄像头制作一张以教室为场景的图片作为背景，然后把他们自己的脸放到角色上。学生会觉得这堂课非常有趣，当然更有价值的是培养了一项非常重要的技能。在学生掌握了利用摄像头把课堂教室的场景引入App中，他们就可以为他们正在学习的任何内容进行编程了。可以把工作簿[1]导入ScratchJr中，并编程更多有意义的答案。

达奇和达达快速开始课程

如果学生以前从未使用过达奇和达达，那么这些很棒的课程进行时，速度应该放慢一点。这里的一系列快速微课程，可以让孩子熟悉这种市面上能买到的最可爱的教育机器人。

1. 达奇快跑！（Go Dash Go！）：用遥控器控制达达围着教室跑。让学生以小组的形式探索和记录Go App上每个控制按钮的功能。在下课前，让每个小组教班上的同学关于Go App的两件事情。这种课程结构的好处是要求学生创造并分享知识。这种类型的课程可以把班级发展成知识社区。

2. 想动便动（I Like to Move It，Move It）：使用Blockly，让达奇在教室里面巡航。把达达放在离达奇有一段距离的地方，然后让学生给达奇编程找到达达。除此之外，还可以让学生用机器人的感知功能，让达达和达奇在找到彼此时庆祝一下。一定要提醒你的学生，一个很棒的庆祝，灯光表演是必不可少的。

3. 行动和反应（Action and Reaction）：在Blockly中，对两个机器人都进行编程，当达奇把达达叫醒时，达达要笑出来。这有很多种办法可以做到，而且不会花比较长的时间。这种小范围的发现挑战可以更好地理解编程的可能性以及接口的机制。

4. 机器人枪术比赛（Robot Joust）：在这个设计挑战中，学生为达奇制作盔甲，然后编程指挥它用长矛对着目标攻击。目标可以是在地上用胶带做的标记或者

---

① 教学辅助用具，可以是需要学生回答的题目，也可以是帮助孩子认识钟表的图案等。

用木头做的积木。

5. 重逢（Reunion）：用Tickle App对达奇和达达编程，当他们看见彼此时，亮灯，然后拍一个他们在长期分离后重新团聚的电影场景。

Hopscotch工作站活动

1. 艺术机器人：学生可以使用绘画循环编程元素制作出五彩缤纷的艺术品。一定要有一个博客或者至少要配置一个共享的屏幕，这样所有的学生都可以展示他们的创意。如果你的学生是在自己专用的设备上工作的，那么鼓励他们把制作的艺术作品截屏，然后把截屏设置为设备的墙纸。你也可以建议让他们用电子邮件把作品发送给家长或者其他监护人，请他们设为手机壁纸。智能手机就像冰箱那样，可以把这些艺术品贴在手机上。作为一个工作站，这个活动短小有趣，学生既可以结对玩，也可以单独玩。

2. 发现正多边形：一旦学生学会了如何编程画一个正方形，他们也就学会了如何画其他的图形。这个工作站上有一个指导视频，提醒学生如何在Hopscotch中用循环和旋转创建正多边形。给学生提供一个正方形的代码和一个仅部分填写T形表。每个学生都将面临挑战，要求尽可能多地计算出有多少个多边形，然后对其进行编程，证明想法是对还是错。用的边越多，最终画出来的形状就越接近圆形。

3. 研究游戏：在这堂课中，你会让学生在Hopscotch社区中找一个他们喜欢玩的游戏。选择的时候要设置一个时间限制。选好后让学生修改游戏，做出分支，并了解游戏的运作方式。在这个过程中，要让学生分享一下他们所学到的知识。它可以精简识别出游戏中的元素，或者其他你想让学生们从活动中要研究的游戏内部机制。这种编程课程的过程类似于让学生拆开一个闹钟并研究其内部的构造。最后闹钟不一定还能正常工作，但是学生肯定比一开始的时候更了解它。

4. 小于3的威力：Hopscotch有一个很棒的功能，就是可以让用户从表情键盘里面添加角色。给学生出个题目，让他们弄明白如何让玫瑰、心形和恶魔跳着舞横穿过屏幕，或者变大，或者在互相碰撞的时候完全消失。一定要查看一下所有的表情符号，然后再告诉学生怎么做。

Tickle工作站活动

Tickle是一个很棒的基于Blockly的编程App，可以与机器人或者其他联网的设备连接。在教室里使用Tickle驱动Sphero、Ollie或者达奇机器人，编程活动就突破了屏幕的限制，进入现实世界中。Hopscotch中屏幕上的角色在移动时，身后留下了一条彩色的线条。借助于胶带和记号笔，达奇也可以实现类似的效果。

1. 动起来：使用App中的角色或者你选择指定的机器人，然后让学生用Tickle中的移动代码块，控制它们移动起来。如果是在屏幕上显示，就设置一系列路标点。而如果是机器人，就控制它们从A点移动到B点，然后返回到开始的地方。

2. 画画：在工作站上留下记号笔、胶带、绳子、黏土和其他材料，以及达奇机器人和一些纸张。让学生们设计一种方法，可以对达奇编程拖动一支马克笔，画一个图形。在换到下一个工作站时，每组都要在墙上挂出他们画出的图形。画得最好的组（由班级来评定）可以简单介绍一下，他们是如何把马克笔固定到机器人身上的以及他们是如何编写的程序。

3. 谜题机器人：在这个挑战中，学生会有一个装着Sphero的盒子。盒子上有一个比Sphero稍大一点的孔。学生必须在Tickle中写一个“解决”盒子这个问题的程序，让Sphero钻出来。学生熟悉之后，可以在盒子中添加墙和胡同这样的元素，制作成一种盲人迷宫类型的游戏。

第一堂Kodable课

开始玩Kodable之前，可以先用Fuzz Family Frenzy的离线活动练习一下。它可以在Code.org（访问日期：2018-08-15）和Kodable.com（访问日期：2018-08-15）网站找到。这种离线活动要学生互相编程，通过一个有简单障碍的路线。这个活动结束时开始让学生结对在平板电脑上玩Kodable。先让学生自己玩第一关，可以练习教程中的内容。对教师来说，难点在于不要干涉孩子，只要他们按照教程的指导自己进行就可以了。

教程会告诉学生App是如何操作的，除此之外，还有更重要的功能。它可以帮助学生认识到App中有一个知识资源库。这样的界面可以教会学生，除了教师的帮助，还有别的地方可以供他们找到想要的信息。只有他们意识到这一点，他们才不会只知道向教师寻求帮助，而从来不去探究其他地方。如果由教师带领学生走完整个教程，那么教师无形中就强化了他们自己的权威，这样反而起到相反的作用。

让学生一边工作，一边分享他们的发现。不管教室里是充满了胜利的欢呼雀跃，还是夹杂着没有任何发现的抱怨，一段重点突出而又简短的口头总结报告可以帮助学生站在更高位置，以更宽广的视角理解他们自己的学习经验。

第一堂 The Foos课

如果你的学生以前有过使用任何一个App做编程相关练习的经验，可以让他们结对玩The Foos。让学生在开始编程之前先明确这一关的目标。The Foos也有一个非常好的教程。学生浏览过一遍教程后，教师要创造条件让学生互相分享他们的知识和对游戏的理解。千万不要忽视这种搭建班级知识社区的机会。

在The Foos每组挑战结束时，会有一个游乐场，学生可以指挥角色做任何事情。通过这种方式，The Foos既有了闯关式App的特点，也有了开放式设计室App的功能。

教师如果想寻找该App更加详细的介绍，可以参考网站一小时编程页面提供的课程，其链接是 http://www.thefoos.com/hourofcode/（访问日期：2018-08-15）。

致 谢

这本书是很多人在不同层面上合作的成果。说到最亲密的合作，可以说没有我妻子梅利莎（Melissa）的鼓励和支持，这本书不可能完成。我也非常感激每天与我一起工作的优秀教师们，允许我走进他们的课堂，而且在我更改了他们的教学计划时，他们也总是给我友好的微笑。谢谢你们，萨莉（Sally），塔莉（Tali），摩根（Morgan），唐娜（Donna），丹妮尔（Danielle），梅甘（Megan），斯泰茜（Stacy），黛安娜（Diane），希瑟（Heather），薇姬（Vicky），劳伦（Lauren），斯泰茜（Stacey），安妮（Anne），坎达丝（Candace），伊丽莎白（Elizabeth），埃米（Amy）和希拉里（Hilary）。

除了这些在我身边支持我的人们，我还很幸运有一个志愿读者小组。感谢本书测试版的读者们，尤其是薇姬・塞奇威克，米歇尔・图拉勃（Michelle Tolub），珍・吉尔伯特，阿克塞尔・莱茨克（Axel Reitzig）和米歇尔・埃克斯坦（Michelle Eckstein）。另外，在此对弗雷德・伯克（Fred Burke）的专注工作一并表示感谢。

关于作者

萨姆·帕特森，艺术硕士，教育学博士，有16年（到2019年应为19年）的教学经验，目前在加利福尼亚州帕洛阿尔托的吉迪恩·豪斯纳犹太私立走读学校①任技术整合专家②一职。萨姆·帕特森喜欢与小学教师一起探索新方法，让科技更好地支持渐进式教学和赋予学生学习的力量。在学校中，萨姆·帕特森把诗歌和文化素养研究的背景带入了与其他教师一起设计的科技课程中。他在edutopia.org（访问日期：2019-03-07），mypaperlessclassroom.com（编辑注：因成文需要，现已无法访问）撰写博客，并且与人合作主持TechEducator播客。

---

① 吉迪恩·豪斯纳犹太私立走读学校是一所独立的K-8（幼儿园到8年级）犹太日校。其课程设置强调批判性思维和基于项目的学习，致力于提供动态的教学环境，鼓励每个孩子都能茁壮成长。

② 技术整合专家：在美国小学、初中和高中学校中，负责协助科任老师通过科技的整合来改善教学的角色。其主要职责在于丰富和支持教学，同时提高学生、教师和其他员工的技术能力。

关于译者

王卫，艾博灵动（北京）科技有限公司和鲸算启智教育科技有限公司联合创始人，南京航空航天大学工科硕士，荷兰奈耶诺德大学MBA，曾在知名跨国电信设备制造企业从事软件开发工作。2012年定居北京后，多年来一直从事互联网企业技术的研发和管理工作。目前致力于少儿科技教育、少儿编程教育和创客教育。您可以通过wangwei@wecash.net或者wangwei@iibold.com与他取得联系。